Heinrich Heine

# Die Harzreise
# The Journey to the Harz

Übersetzt von Charles Godfrey Leland

German | English

Heinrich Heine: Die Harzreise / The Journey to the Harz.

German | English

Übersetzt von Charles Godfrey Leland.

Berliner bilinguale Ausgabe, 2015
Absatzgenau synchronisierter Parallelsatz in zwei Spalten, bearbeitet und eingerichtet von Thomas A. Martin.

Erstdruck in: Der Gesellschafter oder Blätter für Herz und Geist (Berlin), 9. Jg., Januar/Februar 1825.

Textgrundlage ist die Ausgabe:
Heinrich Heine: Werke und Briefe in zehn Bänden. Herausgegeben von Hans Kaufmann, 2. Auflage, Berlin und Weimar: Aufbau, 1972.

Herausgeber der Reihe: Michael Holzinger
Reihengestaltung: Viktor Harvion
Umschlaggestaltung unter Verwendung des Bildes:
Albert Schwendy, Stadtgraben in Goslar, 1889

Gesetzt aus Minion Pro, 11 pt

## Die Harzreise

1824

Nichts ist dauernd als der Wechsel; nichts beständig als der Tod. Jeder Schlag des Herzens schlägt uns eine Wunde, und das Leben wäre ein ewiges Verbluten, wenn nicht die Dichtkunst wäre. Sie gewährt uns, was uns die Natur versagt: eine goldene Zeit, die nicht rostet, einen Frühling, der nicht abblüht, wolkenloses Glück und ewige Jugend.

*Börne*

Schwarze Röcke, seidne Strümpfe,
Weiße, höfliche Manschetten,
Sanfte Reden, Embrassieren –
Ach, wenn sie nur Herzen hätten!

Herzen in der Brust, und Liebe,
Warme Liebe in dem Herzen –
Ach, mich tötet ihr Gesinge
Von erlognen Liebesschmerzen.

Auf die Berge will ich steigen,
Wo die frommen Hütten stehen,
Wo die Brust sich frei erschließet,
Und die freien Lüfte wehen.

Auf die Berge will ich steigen,
Wo die dunkeln Tannen ragen,
Bäche rauschen, Vögel singen,
Und die stolzen Wolken jagen.

Lebet wohl, ihr glatten Säle,
Glatte Herren! Glatte Frauen!
Auf die Berge will ich steigen,
Lachend auf euch niederschauen.

Die Stadt Göttingen, berühmt durch ihre Würste und Universität gehört dem Könige von Hannover und enthält 999 Feuerstellen, diverse Kirchen, eine Entbindungsanstalt, eine Sternwarte, einen Karzer, eine Bibliothek und einen Ratskeller, wo das Bier sehr gut ist. Der vorbeifließende Bach heißt »die Leine« und dient des Sommers zum Baden; das Wasser ist sehr kalt und an einigen Orten so breit, daß Lüder wirklich einen großen Anlauf nehmen mußte, als er hinübersprang. Die Stadt selbst ist schön und gefällt einem am besten, wenn man sie mit dem Rücken ansieht. Sie muß schon sehr lange stehen; denn ich erinnere mich, als ich vor fünf Jahren dort immatrikuliert und bald darauf konsiliiert wurde, hatte sie schon dasselbe graue, altkluge Ansehen und war schon vollständig eingerichtet mit Schnurren, Pudeln, Dissertationen, Teedansants, Wäscherinnen, Kompendien,Taubenbraten,Guelfenorden,Promotions-

## The Journey to the Harz

1824

"Nothing is permanent but change, nothing constant but death. Every pulsation of the heart inflicts a wound, and life would be an endless bleeding were it not for Poetry. She secures to us what Nature would deny—a golden age without rust, a spring which never fades, cloudless prosperity and eternal youth."

*Börne*

Black dress coats and silken stockings,
Snowy ruffles frilled with art,
Gentle speeches and embraces—
Oh, if they but held a heart!

Held a heart within their bosom,
Warmed by love which truly glows;
Ah! I'm wearied with their chanting
Of imagined lovers' woes!

I will climb upon the mountains,
Where the quiet cabin stands,
Where the wind blows freely o'er us,
Where the heart at ease expands.

I will climb upon the mountains,
Where the sombre fir-trees grow;
Brooks are rustling, birds are singing,

Then farewell, ye polished ladies,
Polished men and polished hall!
I will climb upon the mountains,
Smiling down upon you all.

The town of Göttingen, celebrated for its sausages and its University, belongs to the King of Hanover, and contains nine hundred and ninety-nine dwellings, divers churches, a lying-in hospital, an observatory, a prison for students, a library, and a "Ratskeller," where the beer is excellent. The stream which flows by the town is called the Leine, and is used in summer for bathing, its waters being very cold, and in more than one place it is so broad that Lüder was obliged to take quite a run ere he could leap across. The town itself is beautiful, and pleases most when one's back is turned to it. It must be very ancient, for I well remember that five years ago, when I matriculated there (and shortly after received notice to quit), it had already the same gray, prim look, and was fully furnished with catchpolls, beadles, dissertations, *thés dansants*, washerwomen, compendiums, roasted pigeons, Guelphic orders,

kutschen, Pfeifenköpfen, Hofräten, Justizräten, Relegationsräten, Profaxen und anderen Faxen. Einige behaupten sogar, die Stadt sei zur Zeit der Völkerwanderung erbaut worden, jeder deutsche Stamm habe damals ein ungebundenes Exemplar seiner Mitglieder darin zurückgelassen, und davon stammten all die Vandalen, Friesen, Schwaben, Teutonen, Sachsen, Thüringer usw., die noch heutzutage in Göttingen, hordenweis und geschieden durch Farben der Mützen und der Pfeifenquäste, über die Weenderstraße einherziehen, auf den blutigen Walstätten der Rasenmühle, des Ritschenkrugs und Bovdens sich ewig untereinander herumschlagen, in Sitten und Gebräuchen noch immer wie zur Zeit der Völkerwanderung dahinleben und teils durch ihre Duces, welche Haupthähne heißen, teils durch ihr uraltes Gesetzbuch, welches Komment heißt und in den legibus barbarorum eine Stelle verdient, regiert werden.

Im allgemeinen werden die Bewohner Göttingens eingeteilt in Studenten, Professoren, Philister und Vieh, welche vier Stände doch nichts weniger als streng geschieden sind. Der Viehstand ist der bedeutendste. Die Namen aller Studenten und aller ordentlichen und unordentlichen Professoren hier herzuzählen, wäre zu weitläuftig; auch sind mir in diesem Augenblick nicht alle Studentennamen im Gedächtnisse, und unter den Professoren sind manche, die noch gar keinen Namen haben. Die Zahl der Göttinger Philister muß sehr groß sein, wie Sand, oder besser gesagt, wie Kot am Meer; wahrlich, wenn ich sie des Morgens, mit ihren schmutzigen Gesichtern und weißen Rechnungen, vor den Pforten des akademischen Gerichtes aufgepflanzt sah, so mochte ich kaum begreifen, wie Gott nur soviel Lumpenpack erschaffen konnte.

Ausführlicheres über die Stadt Göttingen läßt sich sehr bequem nachlesen in der Topographie derselben von K. F. H. Marx. Obzwar ich gegen den Verfasser, der mein Arzt war und mir viel Liebes erzeigte, die heiligsten Verpflichtungen hege, so kann ich doch sein Werk nicht unbedingt empfehlen, und ich muß tadeln, daß er jener falschen Meinung, als hätten die Göttingerinnen allzu große Füße, nicht streng genug widerspricht. Ja, ich habe mich sogar seit Jahr und Tag mit einer ernsten Widerlegung dieser Meinung beschäftigt, ich habe deshalb vergleichende Anatomie gehört, die seltensten Werke auf der Bibliothek exzerpiert, auf der Weenderstraße stundenlang die Füße der vorübergehenden Damen studiert, und in der grundgelehrten Abhandlung, so die Resultate dieser Studien enthalten wird, spreche ich 1. von den Füßen überhaupt, 2. von den Füßen bei den Alten, 3. von den Füßen der Elefanten, 4. von den Füßen der Göttingerinnen, 5. stelle ich alles

graduation coaches, pipe-heads, court-councilors, law-councilors, expelling councilors, professors ordinary and extraordinary. Many even assert that, at the time of the Great Migrations, every German tribe left behind in the town a loosely bound copy of itself in the person of one of its members, and that from these descended all the Vandals, Frisians, Suabians, Teutons, Saxons, Thuringians, and others, who at the present day still abound in Göttingen, where, separately distinguished by the color of their caps and pipe-tassels, they may be seen straying singly or in hordes along the Weender Street. They still fight their battles on the bloody arena of the *Rasenmill, Ritschenkrug*, and *Bovden*, still preserve the mode of life peculiar to their savage ancestors, and still, as at the time of the migrations, are governed partly by their *Duces*, whom they call "chief cocks," and partly by their primevally ancient law-book, known as the *Comment*, which fully deserves a place among the *leges barbarorum.*

The inhabitants of Göttingen are generally divided into Students, Professors, Philistines, and Cattle, the points of difference between these castes being by no means strictly defined. The "Cattle" class is the most important. I might be accused of prolixity should I here enumerate the names of all the students and of all the regular and irregular professors; besides, I do not just at present distinctly remember the appellations of all the former gentlemen; while among the professors are many who as yet have no name at all. The number of the Göttingen "Philistines" must be as numerous as the sands (or, more correctly speaking, as the mud) of the seashore; indeed, when I beheld them of a morning, with their dirty faces and clean bills, planted before the gate of the collegiate court of justice, I wondered greatly that such an innumerable pack of rascals should ever have been created by the Almighty.

zusammen, was über diese Füße auf Ullrichs Garten schon gesagt worden, 6. betrachte ich diese Füße in ihrem Zusammenhang und verbreite mich bei dieser Gelegenheit auch über Waden, Knie usw., und endlich 7., wenn ich nur so großes Papier auftreiben kann, füge ich noch hinzu einige Kupfertafeln mit dem Faksimile göttingischer Damenfüße.

Es war noch sehr früh, als ich Göttingen verließ, und der gelehrte ** lag gewiß noch im Bette und träumte wie gewöhnlich, er wandle in einem schönen Garten, auf dessen Beeten lauter weiße, mit Zitaten beschriebene Papierchen wachsen, die im Sonnenlichte lieblich glänzen und von denen er hier und da mehrere pflückt und mühsam in ein neues Beet verpflanzt, während die Nachtigallen mit ihren süßesten Tönen sein altes Herz erfreuen.

Vor dem Weender Tore begegneten mir zwei eingeborne kleine Schulknaben, wovon der eine zum andern sagte: »Mit dem Theodor will ich gar nicht mehr umgehen, er ist ein Lumpenkerl, denn gestern wußte er nicht mal, wie der Genitiv von mensa heißt.« So unbedeutend diese Worte klingen, so muß ich sie doch wiedererzählen, ja, ich möchte sie als Stadtmotto gleich auf das Tor schreiben lassen; denn die Jungen piepen, wie die Alten pfeifen, und jene Worte bezeichnen ganz den engen, trocknen Notizenstolz der hochgelahrten Georgia Augusta.

Auf der Chaussee wehte frische Morgenluft, und die Vögel sangen gar freudig, und auch mir wurde allmählich wieder frisch und freudig zumute. Eine solche Erquickung tat not. Ich war die letzte Zeit nicht aus dem Pandektenstall herausgekommen, römische Kasuisten hatten mir den Geist wie mit einem grauen Spinnweb überzogen, mein Herz war wie eingeklemmt zwischen den eisernen Paragraphen selbstsüchtiger Rechtssysteme, beständig klang es mir noch in den Ohren wie »Tribonian, Justinian, Hermogenian und Dummerjahn«, und ein zärtliches Liebespaar, das unter einem Baume saß, hielt ich gar für eine Corpus-juris-Ausgabe mit verschlungenen Händen. Auf der Landstraße fing es an, lebendig zu werden. Milchmädchen zogen vorüber; auch Eseltreiber mit ihren grauen Zöglingen. Hinter Weende begegneten mir der Schäfer und Doris. Dieses ist nicht das idyllische Paar, wovon Geßner singt, sondern es sind wohlbestallte Universitätspedelle, die wachsam aufpassen müssen, daß sich keine Studenten in Bovden duellieren und daß keine neue Ideen, die noch immer einige Dezennien vor Göttingen Quarantäne halten müssen, von einem spekulierenden Privatdozenten eingeschmuggelt werden. Schäfer grüßte mich sehr kollegialisch; denn er ist ebenfalls Schriftsteller und hat meiner in seinen halbjährigen Schriften oft erwähnt; wie er mich denn auch außerdem oft zitiert hat und, wenn er mich nicht zu Hause fand, immer so gütig war,

It was as yet very early in the morning when I left Göttingen, and the learned ——, beyond doubt, still lay in bed, dreaming as usual that he wandered in a fair garden, amid the beds of which grew innumerable white papers written over with citations. On these the sun shone cheerily, and he plucked up several here and there and laboriously planted them in new beds, while the sweetest songs of the nightingales rejoiced his old heart.

Before the Weender Gate I met two small native schoolboys, one of whom was saying to the other, "I don't intend to keep company any more with Theodore; he is a low blackguard, for yesterday he didn't even know the genitive of *Mensa*." Insignificant as these words may appear, I still regard them as entitled to be recorded—nay, I would even write them as town-motto on the gate of Göttingen, for the young birds pipe as the old ones sing, and the expression accurately indicates the narrow, petty academic pride so characteristic of the "highly learned" Georgia Augusta.

The fresh morning air blew over the highroad, the birds sang cheerily, and, little by little, with the breeze and the birds, my mind also became fresh and cheerful. Such refreshment was sorely needed by one who had long been confined in the Pandect stable. Roman casuists had covered my soul with gray cobwebs; my heart was as though jammed between the iron paragraphs of selfish systems of jurisprudence; there was an endless ringing in my ears of such sounds as "Tribonian, Justinian, Hermogenian, and Blockheadian," and a sentimental brace of lovers seated under a tree appeared to me like an edition of the *Corpus Juris* with closed clasps. The road began to take on a more lively appearance. Milkmaids occasionally passed, as did also donkey-drivers with their gray pupils. Beyond Weende I met the "Shepherd" and "Doris." This is not the idyllic pair sung by Gessner, but the duly and comfortably appointed university beadles, whose duty it is to keep watch and ward so that no students fight duels in Bovden, and, above all, that no new ideas (such as are generally obliged to remain in quarantine for several decades outside of Göttingen) are smuggled in by speculative private lecturers. Shepherd greeted me as one does a colleague, for he, too, is an author, who has frequently mentioned my name in his semi-annual writings. In addition to this, I may mention that when, as was frequently the case, he came to cite me before

die Zitation mit Kreide auf meine Stubentür zu schreiben. Dann und wann rollte auch ein Einspänner vorüber, wohlbepackt mit Studenten, die für die Ferienzeit oder auch für immer wegreisten. In solch einer Universitätsstadt ist ein beständiges Kommen und Abgehen, alle drei Jahre findet man dort eine neue Studentengeneration, das ist ein ewiger Menschenstrom, wo eine Semesterwelle die andere fortdrängt, und nur die alten Professoren bleiben stehen in dieser allgemeinen Bewegung, unerschütterlich fest, gleich den Pyramiden Ägyptens – nur daß in diesen Universitätspyramiden keine Weisheit verborgen ist.

Aus den Myrtenlauben bei Rauschenwasser sah ich zwei hoffnungsvolle Jünglinge hervorreiten. Ein Weibsbild, das dort sein horizontales Handwerk treibt, gab ihnen bis auf die Landstraße das Geleit, klätschelte mit geübter Hand die mageren Schenkel der Pferde, lachte laut auf, als der eine Reuter ihr hinten, auf die breite Spontaneität, einige Galanterien mit der Peitsche überlangte, und schob sich alsdann gen Bovden. Die Jünglinge aber jagten nach Nörten und johlten gar geistreich und sangen gar lieblich das Rossinische Lied: »Trink Bier, liebe, liebe Liese!« Diese Töne hörte ich noch lange in der Ferne; doch die holden Sänger selbst verlor ich bald völlig aus dem Gesichte, sintemal sie ihre Pferde, die im Grunde einen deutsch langsamen Charakter zu haben schienen, gar entsetzlich anspornten und vorwärtspeitschten. Nirgends wird die Pferdeschinderei stärker getrieben als in Göttingen, und oft, wenn ich sah, wie solch eine schweißtriefende, lahme Kracke für das bißchen Lebensfutter von unsern Rauschenwasserrittern abgequält ward oder wohl gar einen ganzen Wagen voll Studenten fortziehen mußte, so dachte ich auch: ›O du armes Tier, gewiß haben deine Voreltern im Paradiese verbotenen Hafer gefressen!‹

Im Wirtshause zu Nörten traf ich die beiden Jünglinge wieder. Der eine verzehrte einen Heringsalat, und der andere unterhielt sich mit der gelbledernen Magd, Fusia Canina, auch Trittvogel genannt. Er sagte ihr einige Anständigkeiten, und am Ende wurden sie handgemein. Um meinen Ranzen zu erleichtern, nahm ich die eingepackten blauen Hosen, die in geschichtlicher Hinsicht sehr merkwürdig sind, wieder heraus und schenkte sie dem kleinen Kellner, den man Kolibri nennt. Die Bussenia, die alte Wirtin, brachte mir unterdessen ein Butterbrot und beklagte sich, daß ich sie jetzt so selten besuche; denn sie liebt mich sehr.

Hinter Nörten stand die Sonne hoch und glänzend am Himmel. Sie meinte es recht ehrlich mit mir und erwärmte mein Haupt, daß alle unreife Gedanken darin zur Vollreife kamen. Die liebe Wirtshaussonne in Nordheim ist auch nicht zu verachten; ich kehrte hier ein und fand das Mittagessen schon fertig. Alle Gerichte waren schmackhaft zubereitet und wollten mir besser

the university court and found me "not at home," he was always kind enough to write the citation with chalk upon my chamber door. Occasionally a one-horse vehicle rolled along, well packed with students, who were leaving for the vacation or forever. In such a university town there is an endless coming and going. Every three years beholds a new student-generation, forming an incessant human tide, where one semester-wave succeeds another, and only the old professors stand fast in the midst of this perpetual-motion flood, immovable as the pyramids of Egypt. Only in these university pyramids no treasures of wisdom are buried.

From out the myrtle bushes, by Rauschenwasser, I saw two hopeful youths appear ... singing charmingly the Rossinian lay of "Drink beer, pretty, pretty Liza!" These sounds I continued to hear when far in the distance, and after I had long lost sight of the amiable vocalists, as their horses, which appeared to be gifted with characters of extreme German deliberation, were spurred and lashed in a most excruciating style. In no place is the skinning alive of horses carried to such an extent as in Göttingen; and often, when I beheld some lame and sweating hack, which, to earn the scraps of fodder which maintained his wretched life, was obliged to endure the torment of some roaring blade, or draw a whole wagon-load of students, I reflected: "Unfortunate beast! Most certainly thy first ancestors, in some horse-paradise, did eat of forbidden oats."

Beyond Nörten the sun flashed high in heaven. His intentions toward me were evidently good, and he warmed my brain until all the unripe thoughts which it contained came to full growth. The pleasant Sun Tavern in Nörten is not to be despised, either; I stopped there and found dinner ready. All the dishes were excellent and suited me far better than the weari-

behagen als die abgeschmackten akademischen Gerichte, die salzlosen, ledernen Stockfische mit ihrem alten Kohl, die mir in Göttingen vorgesetzt wurden. Nachdem ich meinen Magen etwas beschwichtigt hatte, bemerkte ich in derselben Wirtsstube einen Herrn mit zwei Damen, die im Begriff waren abzureisen. Dieser Herr war ganz grün gekleidet, trug sogar eine grüne Brille, die auf seine rote Kupfernase einen Schein wie Grünspan warf, und sah aus, wie der König Nebukadnezar in seinen spätern Jahren ausgesehen hat, als er, der Sage nach, gleich einem Tiere des Waldes, nichts als Salat aß. Der Grüne wünschte, daß ich ihm ein Hotel in Göttingen empfehlen möchte, und ich riet ihm, dort von dem ersten besten Studenten das Hotel de Brühbach zu erfragen. Die eine Dame war die Frau Gemahlin, eine gar große, weitläuftige Dame, ein rotes Quadratmeilengesicht mit Grübchen in den Wangen, die wie Spucknäpfe für Liebesgötter aussahen, ein langfleischig herabhängendes Unterkinn, das eine schlechte Fortsetzung des Gesichtes zu sein schien, und ein hochaufgestapelter Busen, der mit steifen Spitzen und vielzackig festonierten Krägen wie mit Türmchen und Bastionen umbaut war und einer Festung glich, die gewiß ebensowenig wie jene anderen Festungen, von denen Philipp von Mazedonien spricht, einem mit Gold beladenen Esel widerstehen würde. Die andere Dame, die Frau Schwester, bildete ganz den Gegensatz der eben beschriebenen. Stammte jene von Pharaos fetten Kühen, so stammte diese von den magern. Das Gesicht nur ein Mund zwischen zwei Ohren, die Brust trostlos öde, wie die Lüneburger Heide; die ganze ausgekochte Gestalt glich einem Freitisch für arme Theologen. Beide Damen fragten mich zu gleicher Zeit, ob im Hotel de Brühbach auch ordentliche Leute logierten. Ich bejahte es mit gutem Gewissen, und als das holde Kleeblatt abfuhr, grüßte ich nochmals zum Fenster hinaus. Der Sonnenwirt lächelte gar schlau und mochte wohl wissen, daß der Karzer von den Studenten in Göttingen Hotel de Brühbach genannt wird.

Hinter Nordheim wird es schon gebirgig, und hier und da treten schöne Anhöhen hervor. Auf dem Wege traf ich meistens Krämer, die nach der Braunschweiger Messe zogen, auch einen Schwarm Frauenzimmer, deren jede ein großes, fast häuserhohes, mit weißem Leinen überzogenes Behältnis auf dem Rücken trug. Darin saßen allerlei eingefangene Singvögel, die beständig piepsten und zwitscherten, während ihre Trägerinnen lustig dahinhüpften und schwatzten. Mir kam es gar närrisch vor, wie so ein Vogel den andern zu Markte trägt.

In pechdunkler Nacht kam ich an zu Osterode. Es fehlte mir der Appetit zum Essen, und ich legte mich

some, academical courses of saltless, leathery dried fish and cabbage *réchauffé*, which were served to me in Göttingen. After I had somewhat appeased my appetite, I remarked in the same room of the tavern a gentle man and two ladies, who were about to depart. The cavalier was clad entirely in green; he even had on a pair of green spectacles which cast a verdigris tinge upon his copper-red nose. The gentleman's general appearance was like what we may presume King Nebuchadnezzar's to have been in his later years, when, according to tradition, he ate nothing but salad, like a beast of the forest. The Green One requested me to recommend him to a hotel in Göttingen, and I advised him, when there, to inquire of the first convenient student for the Hotel de Brübach. One lady was evidently his wife—an altogether extensively constructed dame, gifted with a rubicund square mile of countenance, with dimples in her cheeks which looked like spittoons for cupids. A copious double chin appeared below, like an imperfect continuation of the face, while her high-piled bosom, which was defended by stiff points of lace and a many-cornered collar, as if by turrets and bastions, reminded one of a fortress. Still, it is by no means certain that this fortress would have resisted an ass laden with gold, any more than did that of which Philip of Macedon spoke. The other lady, her sister, seemed her extreme antitype. If the one were descended from Pharaoh's fat kine, the other was as certainly derived from the lean. Her face was but a mouth between two ears; her breast was as inconsolably comfortless and dreary as the Lüneburger heath; while her absolutely dried-up figure reminded one of a charity table for poor theological students. Both ladies asked me, in a breath, if respectable people lodged in the Hotel de Brübach. I assented to this question with a clear conscience, and as the charming trio drove away I waved my hand to them many times from the window. The landlord of The Sun laughed, however, in his sleeve, being probably aware that the Hotel de Brübach was a name bestowed by the students of Göttingen upon their university prison.

Beyond Nordheim mountain ridges begin to appear, and the traveler occasionally meets with a picturesque eminence. The wayfarers whom I encountered were principally peddlers, traveling to the Brunswick fair, and among them there was a group of women, every one of whom bore on her back an incredibly large cage nearly as high as a house, covered over with white linen. In this cage were every variety of singing birds, which continually chirped and sung, while their bearers merrily hopped along and chattered together. It seemed droll thus to behold one bird carrying others to market.

The night was as dark as pitch when I entered Osterode. I had no appetite for supper, and at once went

gleich zu Bette. Ich war müde wie ein Hund und schlief wie ein Gott. Im Traume kam ich wieder nach Göttingen zurück, und zwar nach der dortigen Bibliothek. Ich stand in einer Ecke des juristischen Saals, durchstöberte alte Dissertationen, vertiefte mich im Lesen, und als ich aufhörte, bemerkte ich zu meiner Verwunderung, daß es Nacht war und herabhängende Kristalleuchter den Saal erhellten. Die nahe Kirchenglocke schlug eben zwölf, die Saaltüre öffnete sich langsam, und herein trat eine stolze, gigantische Frau, ehrfurchtsvoll begleitet von den Mitgliedern und Anhängern der Juristischen Fakultät. Das Riesenweib, obgleich schon bejahrt, trug dennoch im Antlitz die Züge einer strengen Schönheit, jeder ihrer Blicke verriet die hohe Titanin, die gewaltige Themis, Schwert und Waage hielt sie nachlässig zusammen in der einen Hand, in der andern hielt sie eine Pergamentrolle, zwei junge Doctores juris trugen die Schleppe ihres grau verblichenen Gewandes; an ihrer rechten Seite sprang windig hin und her der dünne Hofrat Rusticus, der Lykurg Hannovers, und deklamierte aus seinem neuen Gesetzentwurf; an ihrer linken Seite humpelte, gar galant und wohlgelaunt, ihr Cavaliere servente, der Geheime Justizrat Cujacius, und riß beständig juristische Witze und lachte selbst darüber so herzlich, daß sogar die ernste Göttin sich mehrmals lächelnd zu ihm herabbeugte, mit der großen Pergamentrolle ihm auf die Schulter klopfte und freundlich flüsterte: »Kleiner, loser Schalk, der die Bäume von oben herab beschneidet!« Jeder von den übrigen Herren trat jetzt ebenfalls näher und hatte etwas hinzubemerken und hinzulächeln, etwa ein neu ergrübeltes Systemchen oder Hypotheschen oder ähnliches Mißgebürtchen des eigenen Köpfchens. Durch die geöffnete Saaltüre traten auch noch mehrere fremde Herren herein, die sich als die andern großen Männer des illustren Ordens kundgaben, meistens eckige, lauernde Gesellen, die mit breiter Selbstzufriedenheit gleich drauflos definierten und distinguierten und über jedes Titelchen eines Pandektentitels disputierten. Und immer kamen noch neue Gestalten herein, alte Rechtsgelehrten, in verschollenen Trachten, mit weißen Allongeperücken und längst vergessenen Gesichtern und sehr erstaunt, daß man sie, die Hochberühmten des verflossenen Jahrhunderts, nicht sonderlich regardierte; und diese stimmten nun ein, auf ihre Weise, in das allgemeine Schwatzen und Schrillen und Schreien, das, wie Meeresbrandung, immer verwirrter und lauter, die hohe Göttin umrauschte, bis diese die Geduld verlor und in einem Tone des entsetzlichsten Riesenschmerzes plötzlich aufschrie: »Schweigt! schweigt! ich höre die Stimme des teuren Prometheus, die höhnende Kraft und die stumme Gewalt schmieden den Schuldlosen an den Marterfelsen, und all euer Geschwätz und Gezänke kann nicht seine Wunden kühlen und seine Fesseln zerbrechen!« So rief die Göttin, und Trä-

to bed. I was as tired as a dog and slept like a god. In my dreams I returned to Göttingen and found myself in the library. I stood in a corner of the Hall of Jurisprudence, turning over old dissertations, lost myself in reading, and, when I finally looked up, remarked to my astonishment that it was night and that the hall was illuminated by innumerable over-hanging crystal chandeliers. The bell of the neighboring church struck twelve, the hall doors slowly opened, and there entered a superb colossal female form, reverentially accompanied by the members and hangers-on of the legal faculty. The giantess, though advanced in years, retained in her countenance traces of severe beauty, and her every glance indicated the sublime Titaness, the mighty Themis. The sword and balance were carelessly grasped in her right hand, while with the left she held a roll of parchment. Two young *Doctores Juris* bore the train of her faded gray robe; by her right side the lean Court Councilor Rusticus, the Lycurgus of Hanover, fluttered here and there like a zephyr, declaiming extracts from his last hand-book of law, while on her left her *cavalier servente*, the privy-councilor of Justice Cujacius, hobbled gaily and gallantly along, constantly cracking legal jokes, himself laughing so heartily at his own wit that even the serious goddess often smiled and bent over him, exclaiming, as she tapped him on the shoulder with the great parchment roll, "You little scamp, who begin to trim the trees from the top!" All of the gentlemen who formed her escort now drew nigh in turn, each having something to remark or jest over, either a freshly worked-up miniature system, or a miserable little hypothesis, or some similar abortion of their own insignificant brains. Through the open door of the hall many strange gentlemen now entered, who announced themselves as the remaining magnates of the illustrious Order—mostly angular suspicious-looking fellows, who with extreme complacency blazed away with their definitions and hair-splittings, disputing over every scrap of a title to the title of a pandect. And other forms continually flocked in, the forms of those who were learned in law in the olden time—men in antiquated costume, with long councilors' wigs and forgotten faces, who expressed themselves greatly astonished that they, the widely famed of the previous century, should not meet with special consideration; and these, after their manner, joined in the general chattering and screaming, which, like ocean breakers, became louder and madder around the mighty goddess, until she, bursting with impatience, suddenly cried, in a tone of the most agonized Titanic pain, "Silence! Silence! I hear the voice of the beloved Prometheus. Mocking cunning and brute force are chaining the Innocent One to the rock of martyrdom, and all your prattling and quarreling will not allay his wounds or break his fet-

nenbäche stürzten aus ihren Augen, die ganze Versammlung heulte wie von Todesangst ergriffen, die Decke des Saales krachte, die Bücher taumelten herab von ihren Brettern, vergebens trat der alte Münchhausen aus seinem Rahmen hervor, um Ruhe zu gebieten, es tobte und kreischte immer wilder – und fort aus diesem drängenden Tollhauslärm rettete ich mich in den historischen Saal, nach jener Gnadenstelle, wo die heiligen Bilder des Belvederischen Apolls und der Mediceischen Venus nebeneinanderstehen, und ich stürzte zu den Füßen der Schönheitsgöttin, in ihrem Anblick vergaß ich all das wüste Treiben, dem ich entronnen, meine Augen tranken entzückt das Ebenmaß und die ewige Lieblichkeit ihres hochgebenedeiten Leibes, griechische Ruhe zog durch meine Seele, und über mein Haupt, wie himmlischen Segen, goß seine süßesten Lyraklänge Phöbus Apollo.

Erwachend hörte ich noch immer ein freundliches Klingen. Die Herden zogen auf die Weide, und es läuteten ihre Glöckchen. Die liebe, goldene Sonne schien durch das Fenster und beleuchtete die Schildereien an den Wänden des Zimmers. Es waren Bilder aus dem Befreiungskriege, worauf treu dargestellt stand, wie wir alle Helden waren, dann auch Hinrichtungsszenen aus der Revolutionszeit, Ludwig XVI. auf der Guillotine und ähnliche Kopfabschneidereien, die man gar nicht ansehen kann, ohne Gott zu danken, daß man ruhig im Bette liegt und guten Kaffee trinkt und den Kopf noch so recht komfortabel auf den Schultern sitzen hat.

Nachdem ich Kaffee getrunken, mich angezogen, die Inschriften auf den Fensterscheiben gelesen und alles im Wirtshause berichtigt hatte, verließ ich Osterode.

Diese Stadt hat soundso viel Häuser, verschiedene Einwohner, worunter auch mehrere Seelen, wie in Gottschalks »Taschenbuch für Harzreisende« genauer nachzulesen ist. Ehe ich die Landstraße einschlug, bestieg ich die Trümmer der uralten Osteroder Burg. Sie bestehen nur noch aus der Hälfte eines großen, dickmaurigen, wie von Krebsschäden angefressenen Turms. Der Weg nach Klaustal führte mich wieder bergauf, und von einer der ersten Höhen schaute ich nochmals hinab in das Tal, wo Osterode mit seinen roten Dächern aus den grünen Tannenwäldern hervorguckt, wie eine Moosrose. Die Sonne gab eine gar liebe, kindliche Beleuchtung. Von der erhaltenen Turmhälfte erblickt man hier die imponierende Rückseite.

Nachdem ich eine Strecke gewandert, traf ich zusammen mit einem reisenden Handwerksburschen, der von Braunschweig kam und mir als ein dortiges Gerücht erzählte, der junge Herzog sei auf dem Wege nach dem Gelobten Lande von den Türken gefangen worden und könne nur gegen ein großes Lösegeld freikommen. Die

ters!" So cried the goddess, and rivulets of tears sprang from her eyes; the entire assembly howled as if in the agonies of death, the ceiling of the hall burst asunder, the books tumbled madly from their shelves. In vain did Münchhausen step out of his frame to call them to order; it only crashed and raged all the more wildly. I sought refuge from this Bedlam broken loose in the Hall of History, near that gracious spot where the holy images of the Apollo Belvedere and the Venus de Medici stand near each other, and I knelt at the feet of the Goddess of Beauty. In her glance I forgot all the wild excitement from which I had escaped, my eyes drank in with intoxication the symmetry and immortal loveliness of her infinitely blessed form; Hellenic calm swept through my soul, while above my head Phoebus Apollo poured forth, like heavenly blessings, the sweetest tones of his lyre.

Awaking, I continued to hear a pleasant, musical sound. The flocks were on their way to pasture, and their bells were tinkling. The blessed golden sunlight shone through the window, illuminating the pictures on the walls of my room. They were sketches from the War of Independence, which faithfully portrayed what heroes we all were; further, there were scenes representing executions on the guillotine, from the time of the revolution under Louis XIV., and other similar decapitations which no one could behold without thanking God that he lay quietly in bed drinking excellent coffee, and with his head comfortably adjusted upon neck and shoulders.

After I had drunk my coffee, dressed myself, read the inscriptions upon the window-panes, and settled my bill at the inn, I left Osterode.

This town contains a certain quantity of houses and a given number of inhabitants, among whom are divers and sundry souls, as may be ascertained in detail from Gottschalk's "Pocket Guide-Book for Harz Travelers." Ere I struck into the highway, I ascended the ruins of the very ancient Osteroder Burg. They consisted merely of the half of a great, thick-walled tower, which appeared to be fairly honeycombed by time. The road to Clausthal led me again uphill, and from one of the first eminences I looked back once more into the dale where Osterode with its red roofs peeps out from among the green fir-woods, like a moss-rose from amid its leaves. The sun cast a pleasant, tender light over the whole scene. From this spot the imposing rear of the remaining portion of the tower may be seen to advantage.

After proceeding a little distance, I met with a traveling journeyman who came from Brunswick, and who related to me that it was generally believed in that city that their young Duke had been taken prisoner by the Turks during his tour in the Holy Land, and could be ransomed only by an enormous sum. The extensive

große Reise des Herzogs mag diese Sage veranlaßt haben. Das Volk hat noch immer den traditionell fabelhaften Ideengang, der sich so lieblich ausspricht in seinem »Herzog Ernst«. Der Erzähler jener Neuigkeit war ein Schneidergesell, ein niedlicher, kleiner junger Mensch, so dünn, daß die Sterne durchschimmern konnten, wie durch Ossians Nebelgeister, und im ganzen eine volkstümlich barocke Mischung von Laune und Wehmut. Dieses äußerte sich besonders in der drollig rührenden Weise, womit er das wunderbare Volkslied sang: »Ein Käfer auf dem Zaune saß; summ, summ!« Das ist schön bei uns Deutschen; keiner ist so verrückt, daß er nicht einen noch Verrückteren fände, der ihn versteht. Nur ein Deutscher kann jenes Lied nachempfinden und sich dabei totlachen und totweinen. Wie tief das Goethesche Wort ins Leben des Volks gedrungen, bemerkte ich auch hier. Mein dünner Weggenosse trillerte ebenfalls zuweilen vor sich hin: »Leidvoll und freudvoll, Gedanken sind frei!« Solche Korruption des Textes ist beim Volke etwas Gewöhnliches. Er sang auch ein Lied, wo »Lottchen bei dem Grabe ihres Werthers« trauert. Der Schneider zerfloß vor Sentimentalität bei den Worten: »Einsam wein ich an der Rosenstelle, wo uns oft der späte Mond belauscht! Jammernd irr ich an der Silberquelle, die uns lieblich Wonne zugerauscht.« Aber bald darauf ging er in Mutwillen über und erzählte mir: »Wir haben einen Preußen in der Herberge zu Kassel, der ebensolche Lieder selbst macht; er kann keinen seligen Stich nähen; hat er einen Groschen in der Tasche, so hat er für zwei Groschen Durst, und wenn er im Tran ist, hält er den Himmel für ein blaues Kamisol und weint wie eine Dachtraufe und singt ein Lied mit der doppelten Poesie!« Von letzterem Ausdruck wünschte ich eine Erklärung, aber mein Schneiderlein, mit seinen Ziegenhainer Beinchen, hüpfte hin und her und rief beständig: »Die doppelte Poesie ist die doppelte Poesie!« Endlich brachte ich es heraus, daß er doppelt gereimte Gedichte, namentlich Stanzen, im Sinne hatte. – Unterdes, durch die große Bewegung und durch den konträren Wind, war der Ritter von der Nadel sehr müde geworden. Er machte freilich noch einige große Anstalten zum Gehen und bramarbasierte: »Jetzt will ich den Weg zwischen die Beine nehmen!«, doch bald klagte er, daß er sich Blasen unter die Füße gegangen und die Welt viel zu weitläuftig sei; und endlich, bei einem Baumstamme, ließ er sich sachte niedersinken, bewegte sein zartes Häuptlein wie ein betrübtes Lämmerschwänzchen, und wehmütig lächelnd rief er: »Da bin ich armes Schindluderchen schon wieder marode!«

travels of the Duke probably originated this tale. The people at large still preserve that traditional fable-loving train of ideas which is so pleasantly shown in their "Duke Ernest." The narrator of this news was a tailor, a neat little youth, but so thin that the stars might have shone through him as through Ossian's misty ghosts. Altogether, he was made up of that eccentric mixture of humor and melancholy peculiar to the German people. This was especially expressed in the droll and affecting manner in which he sang that extraordinary popular ballad, "A beetle sat upon the hedge, *summ, summ!*" There is one fine thing about us Germans—no one is so crazy but that he may find a crazier comrade who will understand him. Only a German *can* appreciate that song, and in the same breath laugh and cry himself to death over it. On this occasion I also remarked the depth to which the words of Goethe have penetrated the national life. My lean comrade trilled occasionally as he went along—"Joyful and sorrowful, thoughts are free!" Such a corruption of text is usual among the multitude. He also sang a song in which "Lottie by the grave of Werther" wept. The tailor ran over with sentimentalism in the words— "Sadly by the rose-beds now I weep, Where the late moon found us oft alone! Moaning where the silver fountains sleep, Once which whispered joy in every tone."

Die Berge wurden hier noch steiler, die Tannenwälder wogten unten wie ein grünes Meer, und am blauen Himmel oben schifften die weißen Wolken. Die Wildheit der Gegend war durch ihre Einheit und Einfachheit gleichsam gezähmt. Wie ein guter Dichter liebt die Na-

The hills here became steeper, the fir-woods below were like a green sea, and white clouds above sailed along over the blue sky. The wildness of the region was, as it were, tamed by its uniformity and the simplicity of its elements. Nature, like a true poet, abhors

tur keine schroffen Übergänge. Die Wolken, so bizarr gestaltet sie auch zuweilen erscheinen, tragen ein weißes oder doch ein mildes, mit dem blauen Himmel und der grünen Erde harmonisch korrespondierendes Kolorit, so daß alle Farben einer Gegend wie leise Musik ineinanderschmelzen und jeder Naturanblick krampfstillend und gemütberuhigend wirkt. – Der selige Hoffmann würde die Wolken buntscheckig bemalt haben. – Eben wie ein großer Dichter weiß die Natur auch mit den wenigsten Mitteln die größten Effekte hervorzubringen. Da sind nur eine Sonne, Bäume, Blumen, Wasser und Liebe. Freilich, fehlt letztere im Herzen des Beschauers, so mag das Ganze wohl einen schlechten Anblick gewähren, und die Sonne hat dann bloß soundso viel Meilen im Durchmesser, und die Bäume sind gut zum Einheizen, und die Blumen werden nach den Staubfäden klassifiziert, und das Wasser ist naß.

Ein kleiner Junge, der für seinen kranken Oheim im Walde Reisig suchte, zeigte mir das Dorf Lerbach, dessen kleine Hütten, mit grauen Dächern, sich über eine halbe Stunde durch das Tal hinziehen. »Dort«, sagte er, »wohnen dumme Kropfleute und weiße Mohren« – mit letzterem Namen werden die Albinos vom Volke benannt. Der kleine Junge stand mit den Bäumen in gar eigenem Einverständnis; er grüßte sie wie gute Bekannte, und sie schienen rauschend seinen Gruß zu erwidern. Er pfiff wie ein Zeisig, ringsum antworteten zwitschernd die andern Vögel, und ehe ich mich dessen versah, war er mit seinen nackten Füßchen und seinem Bündel Reisig ins Walddickicht fortgesprungen. Die Kinder, dacht ich, sind jünger als wir, können sich noch erinnern, wie sie ebenfalls Bäume oder Vögel waren, und sind also noch imstande, dieselben zu verstehen; unsereins aber ist schon alt und hat zuviel Sorgen, Jurisprudenz und schlechte Verse im Kopf. Jene Zeit, wo es anders war, trat mir bei meinem Eintritt in Klaustal wieder recht lebhaft ins Gedächtnis. In dieses nette Bergstädtchen, welches man nicht früher erblickt, als bis man davorsteht, gelangte ich, als eben die Glocke zwölf schlug und die Kinder jubelnd aus der Schule kamen. Die lieben Knaben, fast alle rotbäckig, blauäugig und flachshaarig, sprangen und jauchzten und weckten in mir die wehmütig heitere Erinnerung, wie ich einst selbst, als ein kleines Bübchen, in einer dumpfkatholischen Klosterschule zu Düsseldorf den ganzen lieben Vormittag von der hölzernen Bank nicht aufstehen durfte und soviel Latein, Prügel und Geographie ausstehen mußte und dann ebenfalls unmäßig jauchzte und jubelte, wenn die alte Franziskanerglocke endlich zwölf schlug. Die Kinder sahen an meinem Ranzen, daß ich ein Fremder sei, und grüßten mich recht gastfreundlich. Einer der Knaben erzählte mir, sie hätten eben Religionsunterricht gehabt, und er zeigte mir den Königl. Hannöv. Katechismus, nach welchem man ihnen das

abrupt transitions. Clouds, however fantastically formed they may at times appear, still have a white, or at least a subdued hue, harmoniously corresponding with the blue heaven and the green earth; so that all the colors of a landscape blend into one another like soft music, and every glance at such a natural picture tranquilizes and reassures the soul. The late Hofmann would have painted the clouds spotted and chequered. And, like a great poet, Nature knows how to produce the greatest effects with the most limited means. She has, after all, only a sun, trees, flowers, water, and love to work with. Of course, if the latter be lacking in the heart of the observer, the whole will, in all probability, present but a poor appearance; the sun is then only so many miles in diameter, the trees are good for firewood, the flowers are classified according to their stamens, and the water is wet.

A little boy who was gathering brushwood in the forest for his sick uncle pointed out to me the village of Lerrbach, whose little huts with gray roofs lie scattered along for over a mile through the valley. "There," said he, "live idiots with goitres, and white negroes." By white negroes the people mean "albinos." The little fellow lived on terms of peculiar understanding with the trees, addressing them like old acquaintances, while they in turn seemed by their waving and rustling to return his salutations. He chirped like a thistle-finch; many birds around answered his call, and, ere I was aware, he had disappeared amid the thickets with his little bare feet and his bundle of brush. "Children," thought I, "are younger than we; they can remember when they were once trees or birds, and are consequently still able to understand them. We of larger growth are, alas, too old for that, and carry about in our heads too many sorrows and bad verses and too much legal lore." But the time when it was otherwise recurred vividly to me as I entered Clausthal. In this pretty little mountain town, which the traveler does not behold until he stands directly before it, I arrived just as the clock was striking twelve and the children came tumbling merrily out of school. The little rogues, nearly all red-cheeked, blue-eyed, flaxen-haired, sprang and shouted and awoke in me melancholy and cheerful memories—how I once myself, as a little boy, sat all the forenoon long in a gloomy Catholic cloister school in Düsseldorf, without so much as daring to stand up, enduring meanwhile a terrible amount of Latin, whipping, and geography, and how I too hurrahed and rejoiced, beyond all measure when the old Franciscan clock at last struck twelve. The children saw by my knapsack that I was a stranger, and greeted me in the most hospitable manner. One of the boys told me that they had just had a lesson in religion, and showed me the Royal Hanoverian Catechism, from which they

Christentum abfragt. Dieses Büchlein war sehr schlecht gedruckt, und ich fürchte, die Glaubenslehren machen dadurch schon gleich einen unerfreulich löschpapierigen Eindruck auf die Gemüter der Kinder; wie es mir denn auch erschrecklich mißfiel, daß das Einmaleins, welches doch mit der heiligen Dreiheitslehre bedenklich kollidiert, im Katechismus selbst, und zwar auf dem letzten Blatte desselben, abgedruckt ist und die Kinder dadurch schon frühzeitig zu sündhaften Zweifeln verleitet werden können. Da sind wir im Preußischen viel klüger, und bei unserem Eifer zur Bekehrung jener Leute, die sich so gut aufs Rechnen verstehen, hüten wir uns wohl, das Einmaleins hinter dem Katechismus abdrucken zu lassen.

In der »Krone« zu Klaustal hielt ich Mittag. Ich bekam frühlingsgrüne Petersiliensuppe, veilchenblauen Kohl, einen Kalbsbraten, groß wie der Chimborazo in Miniatur, sowie auch eine Art geräucherter Heringe, die Bückinge heißen, nach dem Namen ihres Erfinders, Wilhelm Bücking, der 1447 gestorben und um jener Erfindung willen von Karl V. so verehrt wurde, daß derselbe Anno 1556 von Middelburg nach Bievlied in Seeland reiste, bloß um dort das Grab dieses großen Mannes zu sehen. Wie herrlich schmeckt doch solch ein Gericht, wenn man die historischen Notizen dazu weiß und es selbst verzehrt! Nur der Kaffee nach Tische wurde mir verleidet, indem sich ein junger Mensch diskursierend zu mir setzte und so entsetzlich schwadronierte, daß die Milch auf dem Tische sauer wurde. Es war ein junger Handlungsbeflissener mit fünfundzwanzig bunten Westen und ebensoviel goldenen Petschaften, Ringen, Brustnadeln usw. Er sah aus wie ein Affe, der eine rote Jacke angezogen hat und nun zu sich selber sagt: Kleider machen Leute. Eine ganze Menge Scharaden wußte er auswendig sowie auch Anekdoten, die er immer da anbrachte, wo sie am wenigsten paßten. Er fragte mich, was es in Göttingen Neues gäbe, und ich erzählte ihm, daß vor meiner Abreise von dort ein Dekret des akademischen Senats erschienen, worin bei drei Taler Strafe verboten wird, den Hunden die Schwänze abzuschneiden, indem die tollen Hunde in den Hundstagen die Schwänze zwischen den Beinen tragen und man sie dadurch von den nichttollen unterscheidet, was doch nicht geschehen könnte, wenn sie gar keine Schwänze haben. – Nach Tische machte ich mich auf den Weg, die Gruben, die Silberhütten und die Münze zu besuchen.

In den Silberhütten habe ich, wie oft im Leben, den Silberblick verfehlt. In der Münze traf ich es schon besser und konnte zusehen, wie das Geld gemacht wird. Freilich, weiter hab ich es auch nie bringen können. Ich hatte bei solcher Gelegenheit immer das Zusehen, und ich glaube, wenn mal die Taler vom Himmel herunter regneten, so bekäme ich davon nur Löcher in den Kopf,

were questioned on Christianity. This little book was very badly printed, so that I greatly feared that the doctrines of faith made thereby but an unpleasant blotting-paper sort of impression upon the children's minds. I was also shocked at observing that the multiplication table—which surely seriously contradicts the Holy Trinity—was printed on the last page of the catechism, as it at once occurred to me that by this means the minds of the children might, even in their earliest years, be led to the most sinful skepticism. We Prussians are more intelligent, and, in our zeal for converting those heathen who are familiar with arithmetic, take good care not to print the multiplication table in the back of the catechism.

I dined at The Crown, at Clausthal. My repast consisted of spring-green parsley-soup, violet-blue cabbage, a pile of roast veal, which resembled Chimborazo in miniature, and a sort of smoked herring, called "Bückings," from the inventor, William Bücking, who died in 1447, and who, on account of the invention, was so greatly honored by Charles V. that the great monarch in 1556 made a journey from Middleburg to Bievlied in Zealand for the express purpose of visiting the grave of the great man. How exquisitely such dishes taste when we are familiar with their historical associations!

In the silver refinery, as has so frequently happened in life, I could get no glimpse of the precious metal. In the mint I succeeded better, and saw how money was made. Beyond this I have never been able to advance. On such occasions mine has invariably been the spectator's part, and I verily believe that, if it should rain dollars from heaven, the coins would only knock

während die Kinder Israel die silberne Manna mit lustigem Mute einsammeln würden. Mit einem Gefühle, worin gar komisch Ehrfurcht und Rührung gemischt waren, betrachtete ich die neugebornen blanken Taler, nahm einen, der eben vom Prägstocke kam, in die Hand und sprach zu ihm: »Junger Taler! welche Schicksale erwarten dich! wieviel Gutes und wieviel Böses wirst du stiften! wie wirst du das Laster beschützen und die Tugend flicken, wie wirst du geliebt und dann wieder verwünscht werden! wie wirst du schwelgen, kuppeln, lügen und morden helfen! wie wirst du rastlos umherirren, durch reine und schmutzige Hände, jahrhundertelang, bis du endlich, schuldbeladen und sündenmüd, versammelt wirst zu den Deinigen im Schoße Abrahams, der dich einschmelzt und läutert und umbildet zu einem neuen besseren Sein.«

Das Befahren der zwei vorzüglichsten Klaustaler Gruben, der »Dorothea« und »Karolina«, fand ich sehr interessant, und ich muß ausführlich davon erzählen.

Eine halbe Stunde vor der Stadt gelangt man zu zwei großen schwärzlichen Gebäuden. Dort wird man gleich von den Bergleuten in Empfang genommen. Diese tragen dunkle, gewöhnlich stahlblaue, weite, bis über den Bauch herabhängende Jacken, Hosen von ähnlicher Farbe, ein hinten aufgebundenes Schurzfell und kleine grüne Filzhüte, ganz randlos, wie ein abgekappter Kegel. In eine solche Tracht, bloß ohne Hinterleder, wird der Besuchende ebenfalls eingekleidet, und ein Bergmann, ein Steiger, nachdem er sein Grubenlicht angezündet, führt ihn nach einer dunkeln Öffnung, die wie ein Kaminfegeloch aussieht, steigt bis an die Brust hinab, gibt Regeln, wie man sich an den Leitern festzuhalten habe, und bittet, angstlos zu folgen. Die Sache selbst ist nichts weniger als gefährlich; aber man glaubt es nicht im Anfang, wenn man gar nichts vom Bergwerkswesen versteht. Es gibt schon eine eigene Empfindung, daß man sich ausziehen und die dunkle Delinquententracht anziehen muß. Und nun soll man auf allen vieren hinabklettern, und das dunkle Loch ist so dunkel, und Gott weiß, wie lang die Leiter sein mag. Aber bald merkt man doch, daß es nicht eine einzige, in die schwarze Ewigkeit hinablaufende Leiter ist, sondern daß es mehrere von funfzehn bis zwanzig Sprossen sind, deren jede auf ein kleines Brett führt, worauf man stehen kann und worin wieder ein neues Loch nach einer neuen Leiter hinableitet. Ich war zuerst in die »Karolina« gestiegen. Das ist die schmutzigste und unerfreulichste Karolina, die ich je kennengelernt habe. Die Leitersprossen sind kotig naß. Und von einer Leiter zur andern geht's hinab, und der Steiger voran, und dieser beteuert immer, es sei gar nicht gefährlich, nur müsse man sich mit den Händen fest an den Sprossen halten und nicht nach den Füßen sehen und nicht schwindlicht werden

holes in my head, while the children of Israel would merrily gather up the silver manna. With feelings in which comic reverence was blended with emotion, I beheld the new-born shining dollars, took one in my hand as it came fresh from the stamp, and said to it, "Young Dollar, what a destiny awaits thee! What a cause wilt thou be of good and of evil! How thou wilt protect vice and patch up virtue! How thou wilt be beloved and accursed! How thou wilt aid in debauchery, pandering, lying, and murdering! How thou wilt restlessly roll along through clean and dirty hands for centuries, until finally, laden with tresspasses and weary with sin, thou wilt be gathered again unto thine own, in the bosom of an Abraham, who will melt thee down, purify thee, and form thee into a new and better being, perhaps an innocent little tea-spoon, with which my own great-great-grandson will mash his porridge."

I will narrate in detail my visit to "Dorothea" and "Caroline," the two principal Clausthaler mines, having found them very interesting.

Half an hour away from the town are situated two large dingy buildings. Here the traveler is transferred to the care of the miners. These men wear dark and generally steel-blue colored jackets, of ample girth, descending to the hips, with pantaloons of a similar hue, a leather apron tied on behind, and a rimless green felt hat which resembles a decapitated nine-pin. In such a garb, with the exception of the "back-leather," the visitor is also clad, and a miner, his "leader," after lighting his mine-lamp, conducts him to a gloomy entrance resembling a chimney-hole, descends as far as the breast, gives him a few directions relative to grasping the ladder, and requests him to follow fearlessly. The affair is entirely devoid of danger, though it at first appears quite otherwise to those unacquainted with the mysteries of mining. Even the putting on of the dark convict-dress awakens very peculiar sensations. Then one must clamber down on all fours, the dark hole is so *very* dark, and Lord only knows how long the ladder may be! But we soon remark that this is not the only ladder descending into the black eternity, for there are many, of from fifteen to twenty rounds apiece, each standing upon a board capable of supporting a man, and from which a new hole leads in turn to a new ladder. I first entered the "Caroline," the dirtiest and most disagreeable Caroline with whom I ever had the pleasure of becoming acquainted. The rounds of the ladders were covered with wet mud. And from one ladder we descend to another with the guide ever in advance, continually assuring us that there was no danger so long as we held firmly to the rounds and did not look at our feet, and that we must not for our lives tread on the side plank, where the buzzing barrel-rope runs, and where two weeks ago a careless man

und nur beileibe nicht auf das Seitenbrett treten, wo jetzt das schnurrende Tonnenseil heraufgeht und wo, vor vierzehn Tagen, ein unvorsichtiger Mensch hinuntergestürzt und leider den Hals gebrochen. Da unten ist ein verworrenes Rauschen und Summen, man stößt beständig an Balken und Seile, die in Bewegung sind, um die Tonnen mit geklopften Erzen oder das hervorgesinterte Wasser heraufzuwinden. Zuweilen gelangt man auch in durchgehauene Gänge, Stollen genannt, wo man das Erz wachsen sieht und wo der einsame Bergmann den ganzen Tag sitzt und mühsam mit dem Hammer die Erzstücke aus der Wand herausklopft. Bis in die unterste Tiefe, wo man, wie einige behaupten, schon hören kann, wie die Leute in Amerika »Hurra Lafayette!« schreien, bin ich nicht gekommen; unter uns gesagt, dort, bis wohin ich kam, schien es mir bereits tief genug: – immerwährendes Brausen und Sausen, unheimliche Maschinenbewegung, unterirdisches Quellengeriesel, von allen Seiten herabtriefendes Wasser, qualmig aufsteigende Erddünste und das Grubenlicht immer bleicher hineinflimmernd in die einsame Nacht. Wirklich, es war betäubend, das Atmen wurde mir schwer, und mit Mühe hielt ich mich an den glitschrigen Leitersprossen. Ich habe keinen Anflug von sogenannter Angst empfunden, aber, seltsam genug, dort unten in der Tiefe erinnerte ich mich, daß ich im vorigen Jahre, ungefähr um dieselbe Zeit, einen Sturm auf der Nordsee erlebte, und ich meinte jetzt, es sei doch eigentlich recht traulich angenehm, wenn das Schiff hin und her schaukelt, die Winde ihre Trompeterstückchen losblasen, zwischendrein der lustige Matrosenlärmen erschallt und alles frisch überschauert wird von Gottes lieber, freier Luft. Ja, Luft! – Nach Luft schnappend, stieg ich einige Dutzend Leitern wieder in die Höhe, und mein Steiger führte mich durch einen schmalen, sehr langen, in den Berg gehauenen Gang nach der Grube »Dorothea«. Hier ist es luftiger und frischer, und die Leitern sind reiner, aber auch länger und steiler als in der »Karolina«. Hier wurde mir auch besser zumute, besonders da ich wieder Spuren lebendiger Menschen gewahrte. In der Tiefe zeigten sich nämlich wandelnde Schimmer; Bergleute mit ihren Grubenlichtern kamen allmählich in die Höhe, mit dem Gruße »Glückauf!«, und mit demselben Widergruße von unserer Seite stiegen sie an uns vorüber; und wie eine befreundet ruhige und doch zugleich quälend rätselhafte Erinnerung trafen mich, mit ihren tiefsinnig klaren Blicken, die ernstfrommen, etwas blassen und vom Grubenlicht geheimnisvoll beleuchteten Gesichter dieser jungen und alten Männer, die in ihren dunkeln, einsamen Bergschachten den ganzen Tag gearbeitet hatten und sich jetzt hinaufsehnten nach dem lieben Tageslicht und nach den Augen von Weib und Kind.

Mein Cicerone selbst war eine kreuzehrliche, pudeldeutsche Natur. Mit innerer Freudigkeit zeigte er mir

was knocked down, unfortunately breaking his neck by the fall. Far below is a confused rustling and humming, and we continually bump against beams and ropes which are in motion, winding up and raising barrels of broken ore or of water. Occasionally we pass galleries hewn in the rock, called "stulms," where the ore may be seen growing, and where some solitary miner sits the livelong day, wearily hammering pieces from the walls. I did not descend to those deepest depths where it is reported that the people on the other side of the world, in America, may be heard crying, "Hurrah for Lafayette!" Between ourselves, where I did go seemed to me deep enough in all conscience; there was an endless roaring and rattling, uncanny sounds of machinery, the rush of subterranean streams, sickening clouds of ore-dust continually rising, water dripping on all sides, and the miner's lamp gradually growing dimmer and dimmer. The effect was really benumbing, I breathed with difficulty, and had trouble in holding to the slippery rounds. It was not *fright* which overpowered me, but, oddly enough, down there in the depths, I remembered that a year before, about the same time, I had been in a storm on the North Sea, and I now felt that it would be an agreeable change could I feel the rocking of the ship, hear the wind with its thunder-trumpet tones, while amid its lulls sounded the hearty cry of the sailors, and all above was freshly swept by God's own free air—yes, sir! Panting for air, I rapidly climbed several dozens of ladders, and my guide led me through a narrow and very long gallery toward the "Dorothea" mine. Here it was airier and fresher, and the ladders were cleaner, though at the same time longer and steeper, than in the "Caroline." I felt revived and more cheerful, particularly as I again observed traces of human beings. Far below I saw wandering, wavering lights; miners with their lamps came upwards one by one with the greeting, "Good luck to you!" and, receiving the same salutation from us, went onwards and upwards. Something like a friendly and quiet, yet, at the same time, painful and enigmatical recollection flitted across my mind as I met the deep glances and earnest pale faces of these young and old men, mysteriously illuminated by their lanterns, and thought how they had worked all day in lonely and secret places in the mines, and how they now longed for the blessed light of day and for the glances of wives and children.

My guide himself was an absolutely honest, thoroughly loyal German specimen. With inward joy he

jene Stolle, wo der Herzog von Cambridge, als er die Grube befahren, mit seinem ganzen Gefolge gespeist hat und wo noch der lange hölzerne Speisetisch steht sowie auch der große Stuhl von Erz, worauf der Herzog gesessen. Dieser bleibe zum ewigen Andenken stehen, sagte der gute Bergmann, und mit Feuer erzählte er, wie viele Festlichkeiten damals stattgefunden, wie der ganze Stollen mit Lichtern, Blumen und Laubwerk verziert gewesen, wie ein Bergknappe die Zither gespielt und gesungen, wie der vergnügte, liebe, dicke Herzog sehr viele Gesundheiten ausgetrunken habe und wie viele Bergleute, und er selbst ganz besonders, sich gern würden totschlagen lassen für den lieben, dicken Herzog und das ganze Haus Hannover. – Innig rührt es mich jedesmal, wenn ich sehe, wie sich dieses Gefühl der Untertanstreue in seinen einfachen Naturlauten ausspricht. Es ist ein so schönes Gefühl! Und es ist ein so wahrhaft deutsches Gefühl! Andere Völker mögen gewandter sein und witziger und ergötzlicher, aber keines ist so treu wie das treue deutsche Volk. Wüßte ich nicht, daß die Treue so alt ist wie die Welt, so würde ich glauben, ein deutsches Herz habe sie erfunden. Deutsche Treue! sie ist keine moderne Adressenfloskel. An euren Höfen, ihr deutschen Fürsten, sollte man singen und wieder singen das Lied von dem getreuen Eckart und dem bösen Burgund, der ihm die lieben Kinder töten lassen und ihn alsdann doch noch immer treu befunden hat. Ihr habt das treueste Volk, und ihr irrt, wenn ihr glaubt, der alte, verständige, treue Hund sei plötzlich toll geworden und schnappe nach euern geheiligten Waden.

Wie die deutsche Treue, hatte uns jetzt das kleine Grubenlicht, ohne viel Geflacker, still und sicher geleitet durch das Labyrinth der Schachten und Stollen; wir stiegen hervor aus der dumpfigen Bergnacht, das Sonnenlicht strahlt' – Glückauf!

Die meisten Bergarbeiter wohnen in Klaustal und in dem damit verbundenen Bergstädtchen Zellerfeld. Ich besuchte mehrere dieser wackern Leute, betrachtete ihre kleine häusliche Einrichtung, hörte einige ihrer Lieder, die sie mit der Zither, ihrem Lieblingsinstrumente, gar hübsch begleiten, ließ mir alte Bergmärchen von ihnen erzählen und auch die Gebete hersagen, die sie in Gemeinschaft zu halten pflegen, ehe sie in den dunkeln Schacht hinuntersteigen, und manches gute Gebet habe ich mitgebetet. Ein alter Steiger meinte sogar, ich sollte bei ihnen bleiben und Bergmann werden; und als ich dennoch Abschied nahm, gab er mir einen Auftrag an seinen Bruder, der in der Nähe von Goslar wohnt, und viele Küsse für seine liebe Nichte.

So stillstehend ruhig auch das Leben dieser Leute erscheint, so ist es dennoch ein wahrhaftes, lebendiges Leben. Die steinalte, zitternde Frau, die, dem großen Schranke gegenüber, hinterm Ofen saß, mag dort schon

pointed out to me the "place" where the Duke of Cambridge, when he visited the mines, dined with all his train, and where the long wooden table yet stands; with the accompanying great chair, made of ore, in which the Duke sat. "This is to remain as an eternal memorial," said the good miner, and he related with enthusiasm how many festivities had then taken place, how the entire "stulm" had been adorned with lamps, flowers, and decorations of leaves; how a miner boy had played on the cithern and sung; how the dear, delighted, fat Duke had drained many healths, and what a number of miners (himself especially) would cheerfully die for the dear, fat Duke, and for the whole house of Hanover. I am moved to my very heart when I see loyalty thus manifested in all its natural simplicity. It is such a beautiful sentiment, and such a purely *German* sentiment! Other people may be wittier, more intelligent, and more agreeable, but none is so faithful as the real German race. Did I not know that fidelity is as old as the world, I would believe that a German heart had invented it. German fidelity is no modern "Yours very truly," or "I remain your humble servant." In your courts, ye German princes, ye should cause to be sung, and sung again, the old ballad of *The Trusty Eckhart and the Base Burgund* who slew Eckhart's seven children, and still found him faithful. Ye have the truest people in the world, and ye err when ye deem that the old, intelligent, trusty hound has suddenly gone mad, and snaps at your sacred calves!

And, like German fidelity, the little mine-lamp has guided us quietly and securely, without much flickering or flaring, through the labyrinth of shafts and stulms. We ascend out of the gloomy mountain-night—sunlight flashes around—"Good luck to you!"

Most of the miners dwell in Clausthal, and in the adjoining small town of Zellerfeld. I visited several of these brave fellows, observed their little households, heard many of their songs, which they skilfully accompany with their favorite instrument, the cithern, and listened to old mining legends, and to their prayers which they are accustomed to offer daily in company ere they descend the gloomy shaft; and many a good prayer did I offer up with them! One old climber even thought that I ought to remain among them, and become a man of the mines; but as I took my leave notwithstanding, he gave me a message to his brother, who dwelt near Goslar, and many kisses for his darling niece.

Tranquil even to stagnation as the life of these people may appear, it is, nevertheless, a real and vivid life. That ancient trembling crone who sits behind the stove opposite the great clothes-press may have been there

ein Vierteljahrhundert lang gesessen haben, und ihr Denken und Fühlen ist gewiß innig verwachsen mit allen Ecken dieses Ofens und allen Schnitzeleien dieses Schrankes. Und Schrank und Ofen leben, denn ein Mensch hat ihnen einen Teil seiner Seele eingeflößt.

Nur durch solch tiefes Anschauungsleben, durch die »Unmittelbarkeit« entstand die deutsche Märchenfabel, deren Eigentümlichkeit darin besteht, daß nicht nur die Tiere und Pflanzen, sondern auch ganz leblos scheinende Gegenstände sprechen und handeln. Sinnigem, harmlosem Volke in der stillen, umfriedeten Heimlichkeit seiner niedern Berg- oder Waldhütten offenbarte sich das innere Leben solcher Gegenstände, diese gewannen einen notwendigen, konsequenten Charakter, eine süße Mischung von phantastischer Laune und rein menschlicher Gesinnung; und so sehen wir im Märchen, wunderbar und doch als wenn es sich von selbst verstände: Nähnadel und Stecknadel kommen von der Schneiderherberge und verirren sich im Dunkeln; Strohhalm und Kohle wollen über den Bach setzen und verunglücken; Schippe und Besen stehen auf der Treppe und zanken und schmeißen sich; der befragte Spiegel zeigt das Bild der schönsten Frau; sogar die Blutstropfen fangen an zu sprechen, bange, dunkle Worte des besorglichsten Mitleids. – Aus demselben Grunde ist unser Leben in der Kindheit so unendlich bedeutend, in jener Zeit ist uns alles gleich wichtig, wir hören alles, wir sehen alles, bei allen Eindrücken ist Gleichmäßigkeit, statt daß wir späterhin absichtlicher werden, uns mit dem einzelnen ausschließlicher beschäftigen, das klare Gold der Anschauung für das Papiergeld der Bücherdefinitionen mühsam einwechseln und an Lebensbreite gewinnen, was wir an Lebenstiefe verlieren. Jetzt sind wir ausgewachsene, vornehme Leute; wir beziehen oft neue Wohnungen, die Magd räumt täglich auf und verändert nach Gutdünken die Stellung der Möbeln, die uns wenig interessieren, da sie entweder neu sind oder heute dem Hans, morgen dem Isaak gehören; selbst unsere Kleider bleiben uns fremd, wir wissen kaum, wieviel Knöpfe an dem Rocke sitzen, den wir eben jetzt auf dem Leibe tragen; wir wechseln ja so oft als möglich mit Kleidungsstücken, keines derselben bleibt im Zusammenhange mit unserer inneren und äußeren Geschichte; – kaum vermögen wir uns zu erinnern, wie jene braune Weste aussah, die uns einst soviel Gelächter zugezogen hat und auf deren breiten Streifen dennoch die liebe Hand der Geliebten so lieblich ruhte!

Die alte Frau, dem großen Schrank gegenüber, hinterm Ofen, trug einen geblümten Rock von verschollenem Zeuge, das Brautkleid ihrer seligen Mutter. Ihr Urenkel, ein als Bergmann gekleideter, blonder, blitzäugiger Knabe, saß zu ihren Füßen und zählte die Blumen ihres Rockes, und sie mag ihm von diesem Rocke wohl schon viele Geschichtchen erzählt haben, viele ernsthafte,

for a quarter of a century, and all her thinking and feeling is, beyond a doubt, intimately blended with every corner of the stove and the carvings of the press. And clothes-press and stove *live*—for a human being hath breathed into them a portion of her soul.

It was only in such deeply contemplative life as this, in such "direct relationship" between man and the things of the outer world, that the German fairy tale could originate, the peculiarity of which consists in the fact that in it not only animals and plants, but also objects apparently inanimate, speak and act. To thoughtful harmless people in the quiet homeliness of their lowly mountain cabins or forest huts, the inner life of these objects was gradually revealed; they acquired a necessary and consistent character, a sweet blending of fantastic humor and purely human sentiment, and thus we find in the fairy tale—as something marvelous and yet at the same time quite natural—the pin and the needle wandering forth from the tailor's home and losing their way in the dark; the straw and the coal seeking to cross the brook and coming to grief; the dust-pan and broom quarreling and fighting on the stairs. Thus the mirror, when interrogated, shows the image of the fairest lady, and even drops of blood begin to utter obscure and fearful words of the deepest compassion. And this is the reason why our life in childhood is so infinitely significant, for then all things are of the same importance, nothing escapes our attention, there is equality in every impression; while, when more advanced in years, we must act with design, busy ourselves more exclusively with particulars, carefully exchange the pure gold of observation for the paper currency of book definitions, and win in *breadth* of life what we lost in depth. *Now,* we are grown-up, respectable people, we often inhabit new dwellings; the housemaid daily cleans them and changes at her will the position of the furniture, which interests us but little, as it is either new or may belong today to Jack, tomorrow to Isaac. Even our very clothes are strange to us; we hardly know how many buttons there are on the coat we wear—for we change our garments as often as possible, and none of them remains deeply identified with our external or inner history. We can hardly remember how that brown vest once looked, which attracted so much laughter, and yet on the broad stripes of which the dear hand of the loved one so gently rested!

The old dame who sat behind the stove opposite the clothes-press wore a flowered dress of some old-fashioned material, which had been the bridal robe of her departed mother. Her great-grandson, a fair-haired boy, with flashing eyes, clad in a miner's dress, sat at her feet and counted the flowers on her dress. It may be that she has narrated to him many a story connected

hübsche Geschichten, die der Junge gewiß nicht so bald vergißt, die ihm noch oft vorschweben werden, wenn er bald, als ein erwachsener Mann, in den nächtlichen Stollen der »Karolina« einsam arbeitet, und die er vielleicht wiedererzählt, wenn die liebe Großmutter längst tot ist und er selber, ein silberhaariger, erloschener Greis, im Kreise seiner Enkel sitzt, dem großen Schranke gegenüber, hinterm Ofen.

Ich blieb die Nacht ebenfalls in der »Krone«, wo unterdessen auch der Hofrat B. aus Göttingen angekommen war. Ich hatte das Vergnügen, dem alten Herrn meine Aufwartung zu machen. Als ich mich ins Fremdenbuch einschrieb und im Monat Juli blätterte, fand ich auch den vielteuern Namen Adelbert von Chamisso, den Biographen des unsterblichen Schlemihl. Der Wirt erzählte mir, dieser Herr sei in einem unbeschreibbar schlechten Wetter angekommen und in einem ebenso schlechten Wetter wieder abgereist.

Den andern Morgen mußte ich meinen Ranzen nochmals erleichtern, das eingepackte Paar Stiefel warf ich über Bord, und ich hob auf meine Füße und ging nach Goslar. Ich kam dahin, ohne zu wissen wie. Nur soviel kann ich mich erinnern: Ich schlenderte wieder bergauf, bergab; schaute hinunter in manches hübsche Wiesental; silberne Wasser brausten, süße Waldvögel zwitscherten, die Herdenglöckchen läuteten, die mannigfaltig grünen Bäume wurden von der lieben Sonne goldig angestrahlt, und oben war die blauseidene Decke des Himmels so durchsichtig, daß man tief hineinschauen konnte, bis ins Allerheiligste, wo die Engel zu den Füßen Gottes sitzen und in den Zügen seines Antlitzes den Generalbaß studieren. Ich aber lebte noch in dem Traum der vorigen Nacht, den ich nicht aus meiner Seele verscheuchen konnte. Es war das alte Märchen, wie ein Ritter hinabsteigt in einen tiefen Brunnen, wo unten die schönste Prinzessin zu einem starren Zauberschlafe verwünscht ist. Ich selbst war der Ritter und der Brunnen die dunkle Klaustaler Grube, und plötzlich erschienen viele Lichter, aus allen Seitenlöchern stürzten die wachsamen Zwerglein, schnitten zornige Gesichter, hieben nach mir mit ihren kurzen Schwertern, bliesen gellend ins Horn, daß immer mehr und mehre herzueilten, und es wackelten entsetzlich ihre breiten Häupter. Wie ich darauf zuschlug und das Blut herausfloß, merkte ich erst, daß es die rotblühenden, langbärtigen Distelköpfe waren, die ich den Tag vorher an der Landstraße mit dem Stocke abgeschlagen hatte. Da waren sie auch gleich alle verscheucht, und ich gelangte in einen hellen Prachtsaal; in der Mitte stand, weiß verschleiert und wie eine Bildsäule starr und regungslos, die Herzgeliebte, und ich küßte ihren Mund, und, beim lebendigen Gott! ich fühlte den beseligenden Hauch ihrer Seele und das süße Beben der lieblichen Lippen. Es war mir, als hörte ich, wie Gott rief: »Es werde

with that dress—many serious and pretty stories, which the boy will not readily forget, which will often recur to him when he, a grown-up man, works alone in the midnight galleries of the "Caroline," and which he in turn will narrate when the dear grandmother has long been dead, and he himself, a silver-haired, tranquil old man, sits amid the circle of *his* grand-children behind the stove, opposite the great clothes-press.

I lodged that night too in The Crown, where the Court Councilor B——, of Göttingen, had arrived meanwhile, and I had the pleasure of paying my respects to the old gentleman. After writing my name in the book of arrivals, I turned over the leaves of the month of July and found therein, among others, the much loved name of Adalbert von Chamisso, the biographer of the immortal *Schlemihl.* The landlord remarked of Chamisso that the gentleman had arrived during one terrible storm and departed in another.

The next morning I had again to lighten my knapsack, and threw overboard an extra pair of boots; then I arose and went on to Goslar, where I arrived without knowing how. This much alone do I remember, that I sauntered up hill and down dale, gazing upon many a lovely meadow vale; silver waters rippled and murmured, sweet woodbirds sang, the bells of the flocks tinkled, the many shaded green trees were gilded by the sun, and, over all, the blue silk canopy of heaven was so transparent that one could look through the depths even to the Holy of Holies, where angels sit at the feet of God, studying thorough-bass in the features of the eternal countenance. But I was all the time lost in a dream of the previous night, which I could not banish from my thoughts. It was an echo of the old legend—how a knight descended into a deep fountain beneath which the fairest princess of the world lay buried in a deathlike magic slumber. I myself was the knight, and the dark mine of Clausthal was the fountain. Suddenly innumerable lights gleamed around me, watchful dwarfs leapt from every cranny in the rocks, grimacing angrily, cutting at me with their short swords, blowing shrilly on horns, which summoned more and ever more of their comrades, and frantically nodding their great heads. But as I hewed them down with my sword the blood flowed, and I for the first time remarked that they were not really dwarfs, but the red-blooming, long-bearded thistle-tops, which I had the day before hewed down on the highway with my stick. At last they all vanished, and I came to a splendid lighted hall, in the midst of which stood my heart's loved one, veiled in white, and immovable as a statue. I kissed her mouth, and then—O Heavens!—I felt the blessed breath of her soul and the sweet tremor of her lovely lips. It seemed that I heard the divine command, "Let there be light!" and a dazzling flash of

Licht!«, blendend schoß herab ein Strahl des ewigen Lichts; aber in demselben Augenblick wurde es wieder Nacht, und alles rann chaotisch zusammen in ein wildes, wüstes Meer. Ein wildes, wüstes Meer! über das gärende Wasser jagten ängstlich die Gespenster der Verstorbenen, ihre weißen Totenhemde flatterten im Winde, hinter ihnen her, hetzend, mit klatschender Peitsche lief ein buntscheckiger Harlekin, und dieser war ich selbst – und plötzlich aus den dunkeln Wellen reckten die Meerungetüme ihre mißgestalteten Häupter und langten nach mir mit ausgebreiteten Krallen, und vor Entsetzen erwacht ich.

Wie doch zuweilen die allerschönsten Märchen verdorben werden! Eigentlich muß der Ritter, wenn er die schlafende Prinzessin gefunden hat, ein Stück aus ihrem kostbaren Schleier herausschneiden; und wenn durch seine Kühnheit ihr Zauberschlaf gebrochen ist und sie wieder in ihrem Palast auf dem goldenen Stuhle sitzt, muß der Ritter zu ihr treten und sprechen: »Meine allerschönste Prinzessin, kennst du mich?« Und dann antwortet sie: »Mein allertapferster Ritter, ich kenne dich nicht.« Und dieser zeigt ihr alsdann das aus ihrem Schleier herausgeschnittene Stück, das just in denselben wieder hineinpaßt, und beide umarmen sich zärtlich, und die Trompeter blasen, und die Hochzeit wird gefeiert.

Es ist wirklich ein eigenes Mißgeschick, daß meine Liebesträume selten ein so schönes Ende nehmen.

Der Name Goslar klingt so erfreulich, und es knüpfen sich daran so viele uralte Kaisererinnerungen, daß ich eine imposante, stattliche Stadt erwartete. Aber so geht es, wenn man die Berühmten in der Nähe besieht! Ich fand ein Nest mit meistens schmalen, labyrinthisch krummen Straßen, allwo mittendurch ein kleines Wasser, wahrscheinlich die Gose, fließt, verfallen und dumpfig, und ein Pflaster, so holprig wie Berliner Hexameter. Nur die Altertümlichkeiten der Einfassung, nämlich Reste von Mauern, Türmen und Zinnen, geben der Stadt etwas Pikantes. Einer dieser Türme, der Zwinger genannt, hat so dicke Mauern, daß ganze Gemächer darin ausgehauen sind. Der Platz vor der Stadt, wo der weitberühmte Schützenhof gehalten wird, ist eine schöne große Wiese, ringsum hohe Berge. Der Markt ist klein, in der Mitte steht ein Springbrunnen, dessen Wasser sich in ein großes Metallbecken ergießt. Bei Feuersbrünsten wird einigemal daran geschlagen; es gibt dann einen weitschallenden Ton. Man weiß nichts vom Ursprunge dieses Beckens. Einige sagen, der Teufel habe es einst, zur Nachtzeit, dort auf den Markt hingestellt. Damals waren die Leute noch dumm, und der Teufel war auch dumm, und sie machten sich wechselseitig Geschenke.

eternal light shot down, but at the same instant it was again night, and all ran chaotically together into a wild turbulent sea! A wild turbulent sea, indeed, over whose foaming waves the ghosts of the departed madly chased one another, their white shrouds floating in the wind, while behind all, goading them on with cracking whip, ran a many-colored harlequin—and I was the harlequin! Suddenly from the black waves the sea monsters raised their misshapen heads, snatched at me with extended claws, and I awoke in terror.

Alas, how the finest fairy tales may be spoiled! The knight, in fact, when he has found the sleeping princess, ought to cut a piece from her priceless veil, and when, by his bravery, she has been awakened from her magic sleep and is again seated on her golden throne in her palace, the knight should approach her and say, "My fairest princess, dost thou not know me?" Then she will answer, "My bravest knight, I know thee not!" And then he shows her the piece cut from her veil, exactly fitting the deficiency, and she knows that he is her deliverer, and both tenderly embrace, and the trumpets sound, and the marriage is celebrated.

It is really a very peculiar misfortune that *my* love-dreams so seldom have so fine a conclusion.

The name of Goslar rings so pleasantly, and there are so many very ancient and imperial associations connected therewith, that I had hoped to find an imposing and stately town. But it is always the same old story when we examine celebrities too closely. I found a nest of houses, drilled in every direction with narrow streets of labyrinthine crookedness, and amid which a miserable stream, probably the Gose, winds its sad and muddy way. The pavement of the town is as ragged as Berlin hexameters. Only the antiquities which are imbedded in the frame or mounting of the city—that is to say, its remnants of walls, towers, and battlements—give the place a piquant look. One of these towers, known as the "Zwinger," or donjonkeep, has walls of such extraordinary thickness that entire rooms are excavated therein. The open place before the town, where the world-renowned shooting matches are held, is a beautiful large plain surrounded by high mountains. The market is small, and in its midst is a spring fountain, the waters from which pours into a great metallic basin. When an alarm of fire is raised, they strike several times on this cup-formed basin, which gives out a very loud vibration. Nothing is known of the origin of this work. Some say that the devil placed it once during the night on the spot where it stands. In those days people were as yet fools, nor was the

Das Rathaus zu Goslar ist eine weiß angestrichene Wachtstube. Das daneben stehende Gildenhaus hat schon ein besseres Ansehen. Ungefähr von der Erde und vom Dach gleich weit entfernt stehen da die Standbilder deutscher Kaiser, räucherig schwarz und zum Teil vergoldet, in der einen Hand das Zepter, in der andern die Weltkugel; sehen aus wie gebratene Universitätspedelle. Einer dieser Kaiser hält ein Schwert statt des Zepters. Ich konnte nicht erraten, was dieser Unterschied sagen soll; und es hat doch gewiß seine Bedeutung, da die Deutschen die merkwürdige Gewohnheit haben, daß sie bei allem, was sie tun, sich auch etwas denken.

In Gottschalks »Handbuch« hatte ich von dem uralten Dom und von dem berühmten Kaiserstuhl zu Goslar viel gelesen. Als ich aber beides besehen wollte, sagte man mir, der Dom sei niedergerissen und der Kaiserstuhl nach Berlin gebracht worden. Wir leben in einer bedeutungschweren Zeit: tausendjährige Dome werden abgebrochen und Kaiserstühle in die Rumpelkammer geworfen.

Einige Merkwürdigkeiten des seligen Doms sind jetzt in der Stephanskirche aufgestellt. Glasmalereien, die wunderschön sind, einige schlechte Gemälde, worunter auch ein Lukas Cranach sein soll, ferner ein hölzerner Christus am Kreuz und ein heidnischer Opferaltar aus unbekanntem Metall; er hat die Gestalt einer länglich viereckigen Lade und wird von vier Karyatiden getragen, die, in geduckter Stellung, die Hände stützend über dem Kopfe halten und unerfreulich häßliche Gesichter schneiden. Indessen noch unerfreulicher ist das dabeistehende, schon erwähnte große hölzerne Kruzifix. Dieser Christuskopf mit natürlichen Haaren und Dornen und blutbeschmiertem Gesichte zeigt freilich höchst meisterhaft das Hinsterben eines Menschen, aber nicht eines gottgebornen Heilands. Nur das materielle Leiden ist in dieses Gesicht hineingeschnitzelt, nicht die Poesie des Schmerzes. Solch Bild gehört eher in einen anatomischen Lehrsaal als in ein Gotteshaus.

Ich logierte in einem Gasthofe nahe dem Markte, wo mir das Mittagessen noch besser geschmeckt haben würde, hätte sich nur nicht der Herr Wirt mit seinem langen, überflüssigen Gesichte und seinen langweiligen Fragen zu mir hingesetzt; glücklicherweise ward ich bald erlöst durch die Ankunft eines andern Reisenden, der dieselben Fragen in derselben Ordnung aushalten mußte: quis? quid? ubi? quibus auxiliis? cur? quomodo? quando? Dieser Fremde war ein alter, müder, abgetragener Mann, der, wie aus seinen Reden hervorging, die ganze Welt durchwandert, besonders lang auf Batavia gelebt, viel Geld erworben und wieder alles verloren hatte und jetzt, nach dreißigjähriger Abwesenheit, nach Quedlinburg, seiner Vaterstadt, zurückkehrte – »denn«,

devil any wiser, and they mutually exchanged gifts.

The town hall of Goslar is a whitewashed guardroom. The Guildhall, hard by, has a somewhat better appearance. In this building, equidistant from roof and ceiling, stands the statues of German emperors. Blackened with smoke and partly gilded, in one hand the sceptre, and in the other the globe, they look like roasted college beadles. One of the emperors holds a sword instead of a sceptre. I cannot imagine the reason of this variation from the established order, though it has doubtless some occult signification, as Germans have the remarkable peculiarity of meaning something in whatever they do.

In Gottschalk's *Handbook* I had read much of the very ancient cathedral, and of the far-famed imperial throne at Goslar. But when I wished to see these curiosities, I was informed that the church had been torn down, and that the throne had been carried to Berlin. We live in deeply significant times, when millennial churches are destroyed and imperial thrones are tumbled into the lumber-room.

A few memorials of the late cathedral of happy memory are still preserved in the church of St. Stephen. These consist of stained glass pictures of great beauty, a few indifferent paintings, including a Lucas Cranach, a wooden Christ crucified, and a heathen altar of some unknown metal. The latter resembles a long square coffer, and is upheld by caryatides, which in a bowed position hold their hands above their heads in support, and are making the most hideous grimaces. But far more hideous is the adjacent large wooden crucifix of which I have just spoken. This head of Christ, with its real hair and thorns and blood-stained countenance, represents, in the most masterly manner, the death of a *man*—but not of a divinely-born Savior. Nothing but physical suffering is portrayed in this image—not the sublime poetry of pain. Such a work would be more appropriately placed in a hall of anatomy than in a house of the Lord.

The sacristan's wife—an artistic expert—who led me about, showed me a special rarity. This was a many-cornered, well-planed blackboard covered with white numerals, which hung like a lamp in the middle of the building. Oh, how brilliantly does the spirit of invention manifest itself in the Protestant Church! For who would think it! The numbers on this board are those of the Psalms for the day, which are generally chalked on a common black tablet, and have a very sobering effect on an esthetic mind, but which, in the form above described, even ornament the church and fully make up for the want of pictures by Raphael. Such progress delights me infinitely, since I, as a Protestant and a Lutheran, am ever deeply chagrined when Catholic

setzte er hinzu, »unsere Familie hat dort ihr Erbbegräbnis«. Der Herr Wirt machte die sehr aufgeklärte Bemerkung, daß es doch für die Seele gleichgültig sei, wo unser Leib begraben wird. »Haben Sie es schriftlich?« antwortete der Fremde, und dabei zogen sich unheimlich schlaue Ringe um seine kümmerlichen Lippen und verblichenen Äugelein. »Aber«, setzte er ängstlich begütigend hinzu, »ich will darum über fremde Gräber doch nichts Böses gesagt haben; – die Türken begraben ihre Toten noch weit schöner als wir, ihre Kirchhöfe sind ordentlich Gärten, und da sitzen sie auf ihren weißen, beturbanten Grabsteinen, unter dem Schatten einer Zypresse, und streichen ihre ernsthaften Bärte und rauchen ruhig ihren türkischen Tabak, aus ihren langen türkischen Pfeifen; – und bei den Chinesen gar ist es eine ordentliche Lust zuzusehen, wie sie auf den Ruhestätten ihrer Toten manierlich herumtänzeln und beten und Tee trinken und die Geige spielen und die geliebten Gräber gar hübsch zu verzieren wissen mit allerlei vergoldetem Lattenwerk, Porzellanfigürchen, Fetzen von buntem Seidenzeug, künstlichen Blumen und farbigen Laternchen – alles sehr hübsch – wie weit hab ich noch bis Quedlinburg?«

opponents ridicule the empty, God-forsaken appearance of Protestant churches.

Der Kirchhof in Goslar hat mich nicht sehr angesprochen. Desto mehr aber jenes wunderschöne Lockenköpfchen, das bei meiner Ankunft in der Stadt aus einem etwas hohen Parterrefenster lächelnd herausschaute. Nach Tische suchte ich wieder das liebe Fenster; aber jetzt stand dort nur ein Wasserglas mit weißen Glockenblümchen. Ich kletterte hinauf, nahm die artigen Blümchen aus dem Glase, steckte sie ruhig auf meine Mütze und kümmerte mich wenig um die aufgesperrten Mäuler, versteinerten Nasen und Glotzaugen, womit die Leute auf der Straße, besonders die alten Weiber, diesem qualifizierten Diebstahle zusahen. Als ich eine Stunde später an demselben Hause vorbeiging, stand die Holde am Fenster, und wie sie die Glockenblümchen auf meiner Mütze gewahrte, wurde sie blutrot und stürzte zurück. Ich hatte jetzt das schöne Antlitz noch genauer gesehen; es war eine süße, durchsichtige Verkörperung von Sommerabendhauch, Mondschein, Nachtigallenlaut und Rosenduft. – Später, als es ganz dunkel geworden, trat sie vor die Türe. Ich kam – ich näherte mich – sie zieht sich langsam zurück in den dunkeln Hausflur – ich fasse sie bei der Hand und sage: »Ich bin ein Liebhaber von schönen Blumen und Küssen, und was man mir nicht freiwillig gibt, das stehle ich« – und ich küßte sie rasch – und wie sie entfliehen will, flüstere ich beschwichtigend: »Morgen reis ich fort und komme wohl nie wieder« – und ich fühle den geheimen Widerdruck der lieblichen Lippen und der kleinen Hände – und lachend eile ich von hinnen. Ja, ich muß lachen, wenn ich bedenke, daß ich unbewußt jene Zauberformel ausgesprochen, wodurch unsere Rot-

The churchyard at Goslar did not appeal to me very strongly, but a certain very pretty blonde-ringleted head which peeped smilingly from a parterre window *did*. After dinner I again sought out this fascinating window, but, instead of a maiden, I beheld a glass containing white bellflowers. I clambered up, stole the flowers, put them quietly in my cap, and descended, unheeding the gaping mouths, petrified noses, and goggle eyes, with which the people in the street, and especially the old women, regarded this qualified theft. As I, an hour later, passed by the same house, the beauty stood by the window, and, as she saw the flowers in my cap, she blushed like a ruby and started back. This time I had seen the beautiful face to better advantage; it was a sweet, transparent incarnation of summer-evening breeze, moonshine, nightingale notes, and rose perfume. Later, in the twilight hour, she was standing at the door. I came—I drew near—she slowly retreated into the dark entry. I followed, and, seizing her hand, said, "I am a lover of beautiful flowers and of kisses, and when they are not given to me I steal them." Here I quickly snatched a kiss, and, as she was about to flee, whispered soothingly, "Tomorrow I leave this town, probably never to return." Then I perceived a faint pressure of the lovely lips and of the little hand and I—hurried smilingly away. Yes, I must smile when I reflect that unconsciously I uttered the magic formula by which our red-and blue-coated cavaliers more frequently win female hearts than by their mustachioed attractiveness—"Tomorrow I leave, probably never to return."

und Blauröcke öfter als durch ihre schnurrbärtige Liebenswürdigkeit, die Herzen der Frauen bezwingen. »Ich reise morgen fort und komme wohl nie wieder!«

Mein Logis gewährte eine herrliche Aussicht nach dem Rammelsberg. Es war ein schöner Abend. Die Nacht jagte auf ihrem schwarzen Rosse, und die langen Mähnen flatterten im Winde. Ich stand am Fenster und betrachtete den Mond. Gibt es wirklich einen Mann im Monde? Die Slawen sagen, er heiße Chlotar, und das Wachsen des Mondes bewirke er durch Wasseraufgießen. Als ich noch klein war, hatte ich gehört, der Mond sei eine Frucht, die, wenn sie reif geworden, vom lieben Gott abgepflückt und zu den übrigen Vollmonden in den großen Schrank gelegt werde, der am Ende der Welt steht, wo sie mit Brettern zugenagelt ist. Als ich größer wurde, bemerkte ich, daß die Welt nicht so eng begrenzt ist und daß der menschliche Geist die hölzernen Schranken durchbrochen und mit einem riesigen Petrischlüssel, mit der Idee der Unsterblichkeit, alle sieben Himmel aufgeschlossen hat. Unsterblichkeit! schöner Gedanke! wer hat dich zuerst erdacht? War es ein Nürnberger Spießbürger, der, mit weißer Nachtmütze auf dem Kopfe und weißer Tonpfeife im Maule, am lauen Sommerabend vor seiner Haustüre saß und recht behaglich meinte, es wäre doch hübsch, wenn er nun so immer fort, ohne daß sein Pfeifchen und sein Lebensatemchen ausgingen, in die liebe Ewigkeit hineinvegetieren könnte! Oder war es ein junger Liebender, der in den Armen seiner Geliebten jenen Unsterblichkeitsgedanken dachte, und ihn dachte, weil er ihn fühlte und weil er nichts anders fühlen und denken konnte! – Liebe! Unsterblichkeit! – in meiner Brust ward es plötzlich so heiß, daß ich glaubte, die Geographen hätten den Äquator verlegt und er laufe jetzt gerade durch mein Herz. Und aus meinem Herzen ergossen sich die Gefühle der Liebe, ergossen sich sehnsüchtig in die weite Nacht. Die Blumen im Garten unter meinem Fenster dufteten stärker. Düfte sind die Gefühle der Blumen, und wie das Menschenherz in der Nacht, wo es sich einsam und unbelauscht glaubt, stärker fühlt, so scheinen auch die Blumen, sinnig verschämt, erst die umhüllende Dunkelheit zu erwarten, um sich gänzlich ihren Gefühlen hinzugeben und sie auszuhauchen in süßen Düften. – Ergießt euch, ihr Düfte meines Herzens! und sucht hinter jenen Bergen die Geliebte meiner Träume! Sie liegt jetzt schon und schläft; zu ihren Füßen knien Engel, und wenn sie im Schlafe lächelt, so ist es ein Gebet, das die Engel nachbeten; in ihrer Brust liegt der Himmel mit allen seinen Seligkeiten, und wenn sie atmet, so bebt mein Herz in der Ferne; hinter den seidnen Wimpern ihrer Augen ist die Sonne untergegangen, und wenn sie die Augen wieder aufschlägt, so ist es Tag, und die Vögel singen, und die Herdenglöckchen läuten, und die Berge schimmern in ihren smaragdenen Kleidern,

und ich schnüre den Ranzen und wandre.

In jener Nacht, die ich in Goslar zubrachte, ist mir etwas höchst Seltsames begegnet. Noch immer kann ich nicht ohne Angst daran zurückdenken. Ich bin von Natur nicht ängstlich, aber vor Geistern fürchte ich mich fast so sehr wie der »Östreichische Beobachter«. Was ist Furcht? Kommt sie aus dem Verstande oder aus dem Gemüt? Über diese Frage disputierte ich so oft mit dem Doktor Saul Ascher, wenn wir zu Berlin, im »Café Royal«, wo ich lange Zeit meinen Mittagstisch hatte, zufällig zusammentrafen. Er behauptete immer, wir fürchten etwas, weil wir es durch Vernunftschlüsse für furchtbar erkennen. Nur die Vernunft sei eine Kraft, nicht das Gemüt. Während ich gut aß und gut trank, demonstrierte er mir fortwährend die Vorzüge der Vernunft. Gegen das Ende seiner Demonstration pflegte er nach seiner Uhr zu sehen, und immer schloß er damit: »Die Vernunft ist das höchste Prinzip!« – Vernunft! Wenn ich jetzt dieses Wort höre, so sehe ich noch immer den Doktor Saul Ascher mit seinen abstrakten Beinen, mit seinem engen, transzendentalgrauen Leibrock und mit seinem schroffen, frierend kalten Gesichte, das einem Lehrbuche der Geometrie als Kupfertafel dienen konnte. Dieser Mann, tief in den Funfzigern, war eine personifizierte grade Linie. In seinem Streben nach dem Positiven hatte der arme Mann sich alles Herrliche aus dem Leben herausphilosophiert, alle Sonnenstrahlen, allen Glauben und alle Blumen, und es blieb ihm nichts übrig als das kalte, positive Grab. Auf den Apoll von Belvedere und auf das Christentum hatte er eine spezielle Malice. Gegen letzteres schrieb er sogar eine Broschüre, worin er dessen Unvernünftigkeit und Unhaltbarkeit bewies. Er hat überhaupt eine ganze Menge Bücher geschrieben, worin immer die Vernunft von ihrer eigenen Vortrefflichkeit renommiert und wobei es der arme Doktor gewiß ernsthaft genug meinte und also in dieser Hinsicht alle Achtung verdiente. Darin aber bestand ja eben der Hauptspaß, daß er ein so ernsthaft närrisches Gesicht schnitt, wenn er dasjenige nicht begreifen konnte, was jedes Kind begreift, eben weil es ein Kind ist. Einigemal besuchte ich auch den Vernunftdoktor in seinem eigenen Hause, wo ich schöne Mädchen bei ihm fand; denn die Vernunft verbietet nicht die Sinnlichkeit. Als ich ihn einst ebenfalls besuchen wollte, sagte mir sein Bedienter: »Der Herr Doktor ist eben gestorben.« Ich fühlte nicht viel mehr dabei, als wenn er gesagt hätte: Der Herr Doktor ist ausgezogen.

Doch zurück nach Goslar. »Das höchste Prinzip ist die Vernunft!« sagte ich beschwichtigend zu mir selbst,

During the night which I passed at Goslar, a remarkably curious occurrence befell me. Even now I cannot think of it without terror. I am not cowardly by nature and Heaven knows that I have never experienced any special anguish when, for example, a naked blade has sought to make acquaintance with my nose or when I have lost my way at night in a wood of ill repute, or when, at a concert, a yawning lieutenant has threatened to swallow me—but *ghosts* I fear almost as much as the *Austrian Observer*. What is fear? Does it originate in the brain or in the emotions? This was a point which I frequently disputed with Dr. Saul Ascher, when we accidentally met in the Café Royal in Berlin, where for a long time I used to take dinner. The Doctor invariably maintained that we feared anything, because we recognized it as fearful, by a certain process of reasoning, for reason alone is an active power—the emotions are not. While I ate and drank my fill, the Doctor continued to demonstrate to me the advantages of reason. Toward the end of his demonstration, he was accustomed to look at his watch and remark conclusively, "Reason is the highest principle!" Reason! Never do I hear this word without recalling Dr. Saul Ascher, with his abstract legs, his tight-fitting transcendental-grey long coat, his forbidding icy face, which could have served as frontispiece for a textbook of geometry. This man, deep in the fifties, was a personified straight line. In his striving for the positive, the poor man had, by dint of philosophizing, eliminated all the splendid things from life, such as sunshine, religion, and flowers, so that there remained nothing for him but the cold positive grave. The Apollo Belvedere and Christianity were the two special objects of his malice, and he had even published a pamphlet against the latter, in which he had demonstrated its unreasonableness and untenableness. In addition to this, he has written a great number of books, in all of which *Reason* shines forth in all its peculiar excellence, and as the poor Doctor meant what he said in all seriousness, he was, so far, deserving of respect. But the great joke consisted precisely in this, that the Doctor invariably cut such a seriously absurd figure when he could not comprehend what every child comprehends, simply because it is a child. I visited the Doctor of Reason several times in his own house, where I found him in company with very pretty girls; for Reason, it seems, does not prohibit the enjoyment of the things of this world. Once, however, when I called, his servant told me the "Herr Doctor" had just died. I experienced as much emotion on this occasion as if I had been told that the "Herr Doctor" had just moved.

To return to Goslar. "The highest principle is Reason," said I soothingly to myself, as I slid into bed. But

als ich ins Bett stieg. Indessen, es half nicht. Ich hatte eben in Varnhagen von Enses »Deutsche Erzählungen«, die ich von Klaustal mitgenommen hatte, jene entsetzliche Geschichte gelesen, wie der Sohn, den sein eigener Vater ermorden wollte, in der Nacht von dem Geiste seiner toten Mutter gewarnt wird. Die wunderbare Darstellung dieser Geschichte bewirkte, daß mich während des Lesens ein inneres Grauen durchfröstelte. Auch erregen Gespenstererzählungen ein noch schauerlicheres Gefühl, wenn man sie auf der Reise liest, und zumal des Nachts, in einer Stadt, in einem Hause, in einem Zimmer, wo man noch nie gewesen. ›Wieviel Gräßliches mag sich schon zugetragen haben auf diesem Flecke, wo du eben liegst?‹ so denkt man unwillkürlich. Überdies schien jetzt der Mond so zweideutig ins Zimmer herein, an der Wand bewegten sich allerlei unberufene Schatten, und als ich mich im Bett aufrichtete, um hinzusehen, erblickte ich –

Es gibt nichts Unheimlicheres, als wenn man bei Mondschein das eigene Gesicht zufällig im Spiegel sieht. In demselben Augenblicke schlug eine schwerfällige, gähnende Glocke, und zwar so lang und langsam, daß ich nach dem zwölften Glockenschlage sicher glaubte, es seien unterdessen volle zwölf Stunden verflossen und es müßte wieder von vorn anfangen, zwölf zu schlagen. Zwischen dem vorletzten und letzten Glockenschlage schlug noch eine andere Uhr, sehr rasch, fast keifend gell und vielleicht ärgerlich über die Langsamkeit ihrer Frau Gevatterin. Als beide eiserne Zungen schwiegen und tiefe Todesstille im ganzen Hause herrschte, war es mir plötzlich, als hörte ich auf dem Korridor, vor meinem Zimmer, etwas schlottern und schlappen, wie der unsichere Gang eines alten Mannes. Endlich öffnete sich meine Tür, und langsam trat herein der verstorbene Doktor Saul Ascher. Ein kaltes Fieber rieselte mir durch Mark und Bein, ich zitterte wie Espenlaub, und kaum wagte ich das Gespenst anzusehen. Er sah aus wie sonst, derselbetranszendentalgraueLeibrock,dieselbenabstrakten Beine und dasselbe mathematische Gesicht; nur war dieses etwas gelblicher als sonst, auch der Mund, der sonst zwei Winkel von 22 1/2 Grad bildete, war zusammengekniffen, und die Augenkreise hatten einen größern Radius. Schwankend und wie sonst sich auf sein spanisches Röhrchen stützend, näherte er sich mir, und in seinem gewöhnlichen mundfaulen Dialekte sprach er freundlich: »Fürchten Sie sich nicht, und glauben Sie nicht, daß ich ein Gespenst sei. Es ist Täuschung Ihrer Phantasie, wenn Sie mich als Gespenst zu sehen glauben. Was ist ein Gespenst? Geben Sie mir eine Definition. Deduzieren Sie mir die Bedingungen der Möglichkeit eines Gespenstes. In welchem vernünftigen Zusammenhange stände eine solche Erscheinung mit der Vernunft? Die Vernunft, ich sage die Vernunft –« Und nun schritt das Gespenst zu einer Analyse der Vernunft, zitierte

it availed me nothing. I had just been reading in Varnhagen von Ense's *German Tales,* which I had brought with me from Clausthal, that terrible story of the son who went about to murder his father and was warned in the night by the ghost of his mother. The wonderful truthfulness with which this story is depicted, caused, while reading it, a shudder of horror in all my veins. Ghost-stories invariably thrill us with additional horror when read during a journey, and by night in a town, in a house, and in a room where we have never been before. We involuntarily reflect, "How many horrors may have been perpetrated on this very spot where I now lie!" Meanwhile, the moon shone into my room in a doubtful, suspicious manner; all kinds of uncalled-for shapes quivered on the walls, and as I raised myself in bed and glanced fearfully toward them, I beheld—

There is nothing so uncanny as when a man accidentally sees his own face by moonlight in a mirror. At the same instant there struck a deep-booming, yawning bell, and that so slowly and wearily that after the twelfth stroke I firmly believed that twelve full hours must have passed and that it would begin to strike twelve all over again. Between the last and next to the last tones, there struck in very abruptly, as if irritated and scolding, another bell, which was apparently out of patience with the slowness of its colleague. As the two iron tongues were silenced, and the stillness of death sank over the whole house, I suddenly seemed to hear, in the corridor before my chamber, something halting and shuffling along, like the unsteady steps of an old man. At last my door opened, and there entered slowly the late departed Dr. Saul Ascher. A cold fever ran through me. I trembled like an ivy leaf and scarcely dared to gaze upon the ghost. He appeared as usual, with the same transcendental-grey long coat, the same abstract legs, and the same mathematical face; only this latter was a little yellower than usual, the mouth, which formerly described two angles of 22-1/2 degrees, was pinched together, and the circles around the eyes had a somewhat greater radius. Tottering, and supporting himself as usual upon his Malacca cane, he approached me, and said in his usual drawling accent but in a friendly manner, "Do not be afraid, nor believe that I am a ghost. It is a deception of your imagination, if you believe that you see me as a ghost. What is a ghost? Define one. Deduce for me the conditions of the possibility of a ghost. What reasonable connection is there between such an apparition and reason? Reason, I say, *Reason!*" Here the ghost proceeded to analyze reason, cited from Kant's *Critique of Pure Reason*, part II, section I, book 2, chap. 3, the distinction between phenomena and noumena, then went on to construct a hypo-

Kants »Kritik der reinen Vernunft«, 2. Teil, 1. Abschnitt, 2. Buch, 3. Hauptstück, die Unterscheidung von Phänomena und Noumena, konstruierte alsdann den problematischen Gespensterglauben, setzte einen Syllogismus auf den andern und schloß mit dem logischen Beweise, daß es durchaus keine Gespenster gibt. Mir unterdessen lief der kalte Schweiß über den Rücken, meine Zähne klapperten wie Kastagnetten, aus Seelenangst nickte ich unbedingte Zustimmung bei jedem Satz, womit der spukende Doktor die Absurdität aller Gespensterfurcht bewies, und derselbe demonstrierte so eifrig, daß er einmal in der Zerstreuung statt seiner goldenen Uhr eine Handvoll Würmer aus der Uhrtasche zog und, seinen Irrtum bemerkend, mit possierlich ängstlicher Hastigkeit wieder einsteckte. »Die Vernunft ist das höchste –«, da schlug die Glocke eins, und das Gespenst verschwand.

thetical system of ghosts, piled one syllogism on another, and concluded with the logical proof that there are absolutely no ghosts. Meanwhile the cold sweat ran down my back, my teeth clattered like castanets, and from very agony of soul I nodded an unconditional assent to every assertion which the phantom doctor alleged against the absurdity of being afraid of ghosts, and which he demonstrated with such zeal that once, in a moment of distraction, instead of his gold watch he drew a handful of grave-worms from his vest-pocket, and remarking his error, replaced them with a ridiculous but terrified haste. "Reason is the highest—!" Here the clock struck *one*, but the ghost vanished.

Von Goslar ging ich den andern Morgen weiter, halb auf Geratewohl, halb in der Absicht, den Bruder des Klaustaler Bergmanns aufzusuchen. Wieder schönes, liebes Sonntagswetter. Ich bestieg Hügel und Berge, betrachtete, wie die Sonne den Nebel zu verscheuchen suchte, wanderte freudig durch die schauernden Wälder, und um mein träumendes Haupt klingelten die Glockenblümchen von Goslar. In ihren weißen Nachtmänteln standen die Berge, die Tannen rüttelten sich den Schlaf aus den Gliedern, der frische Morgenwind frisierte ihnen die herabhängenden, grünen Haare, die Vöglein hielten Betstunde, das Wiesental blitzte wie eine diamantenbesäete Golddecke, und der Hirt schritt darüber hin mit seiner läutenden Herde. Ich mochte mich wohl eigentlich verirrt haben. Man schlägt immer Seitenwege und Fußsteige ein und glaubt dadurch näher zum Ziele zu gelangen. Wie im Leben überhaupt, geht's uns auch auf dem Harze. Aber es gibt immer gute Seelen, die uns wieder auf den rechten Weg bringen; sie tun es gern und finden noch obendrein ein besonderes Vergnügen daran, wenn sie uns mit selbstgefälliger Miene und wohlwollend lauter Stimme bedeuten, welche große Umwege wir gemacht, in welche Abgründe und Sümpfe wir versinken konnten und welch ein Glück es sei, daß wir so wegkundige Leute, wie sie sind, noch zeitig angetroffen. Einen solchen Berichtiger fand ich unweit der Harzburg. Es war ein wohlgenährter Bürger von Goslar, ein glänzend wampiges, dummkluges Gesicht; er sah aus, als habe er die Viehseuche erfunden. Wir gingen eine Strecke zusammen, und er erzählte mir allerlei Spukgeschichten, die hübsch klingen konnten, wenn sie nicht alle darauf hinausliefen, daß es doch kein wirklicher Spuk gewesen, sondern daß die weiße Gestalt ein Wilddieb war und daß die wimmernden Stimmen von den eben geworfenen Jungen einer Bache (wilden Sau) und das Geräusch auf dem Boden von der Hauskatze herrührte. »Nur wenn der Mensch krank ist«,

The next morning I left Goslar and wandered along, partly at random, and partly with the intention of visiting the brother of the Clausthal miner. Again we had beautiful Sunday weather. I climbed hill and mountain, saw how the sun strove to drive away the mists, and wandered merrily through the quivering woods, while around my dreaming head rang the bell-flowers of Goslar. The mountains stood in their white night-robes, the fir-trees were shaking sleep out of their branching limbs, the fresh morning wind curled their drooping green locks, the birds were at morning prayers, the meadow-vale flashed like a golden surface sprinkled with diamonds, and the shepherd passed over it with his bleating flock.

setzte er hinzu, »glaubt er Gespenster zu sehen«; was aber seine Wenigkeit anbelange, so sei er selten krank, nur zuweilen leide er an Hautübeln, und dann kuriere er sich jedesmal mit nüchternem Speichel. Er machte mich auch aufmerksam auf die Zweckmäßigkeit und Nützlichkeit in der Natur. Die Bäume sind grün, weil Grün gut für die Augen ist. Ich gab ihm recht und fügte hinzu, daß Gott das Rindvieh erschaffen, weil Fleischsuppen den Menschen stärken, daß er die Esel erschaffen, damit sie den Menschen zu Vergleichungen dienen können, und daß er den Menschen selbst erschaffen, damit er Fleischsuppen essen und kein Esel sein soll. Mein Begleiter war entzückt, einen Gleichgestimmten gefunden zu haben, sein Antlitz erglänzte noch freudiger, und bei dem Abschiede war er gerührt.

Solange er neben mir ging, war gleichsam die ganze Natur entzaubert, sobald er aber fort war, fingen die Bäume wieder an zu sprechen, und die Sonnenstrahlen erklangen, und die Wiesenblümchen tanzten, und der blaue Himmel umarmte die grüne Erde. Ja, ich weiß es besser: Gott hat den Menschen erschaffen, damit er die Herrlichkeit der Welt bewundere. Jeder Autor, und sei er noch so groß, wünscht, daß sein Werk gelobt werde. Und in der Bibel, den Memoiren Gottes, steht ausdrücklich, daß er die Menschen erschaffen zu seinem Ruhm und Preis.

Nach einem langen Hin- und Herwandern gelangte ich zu der Wohnung des Bruders meines Klaustaler Freundes, übernachtete alldort und erlebte folgendes schöne Gedicht:

After much circuitous wandering I came to the dwelling of the brother of my Clausthal friend. Here I stayed all night and experienced the following beautiful poem—

I

Auf dem Berge steht die Hütte,
Wo der alte Bergmann wohnt;
Dorten rauscht die grüne Tanne,
Und erglänzt der goldne Mond.

In der Hütte steht ein Lehnstuhl,
Reich geschnitzt und wunderlich,
Der darauf sitzt, der ist glücklich,
Und der Glückliche bin ich!

Auf dem Schemel sitzt die Kleine,
Stützt den Arm auf meinen Schoß;
Äuglein wie zwei blaue Sterne,
Mündlein wie die Purpurros'.

Und die lieben, blauen Sterne
Schaun mich an so himmelgroß,
Und sie legt den Lilienfinger
Schalkhaft auf die Purpurros'.

Nein, es sieht uns nicht die Mutter,

Stands the but upon the mountain
Where the ancient woodman dwells
There the dark-green fir-trees rustle,
Casts the moon its golden spells.

In the but there stands an arm-chair,
Richly carved and cleverly;
He who sits therein is happy,
And that happy man am I.

On the footstool sits a maiden,
On my lap her arms repose,
With her eyes like blue stars beaming,
And her mouth a new-born rose.

And the dear blue stars shine on me,
Wide like heaven's great arch their gaze;
And her little lily finger
Archly on the rose she lays.

Nay, the mother cannot see us,

Denn sie spinnt mit großem Fleiß,
Und der Vater spielt die Zither,
Und er singt die alte Weis'.

Und die Kleine flüstert leise,
Leise, mit gedämpftem Laut;
Manches wichtige Geheimnis
Hat sie mir schon anvertraut.

»Aber seit die Muhme tot ist,
Können wir ja nicht mehr gehn
Nach dem Schützenhof zu Goslar,
Und dort ist es gar zu schön.

Hier dagegen ist es einsam,
Auf der kalten Bergeshöh',
Und des Winters sind wir gänzlich
Wie vergraben in dem Schnee.

Und ich bin ein banges Mädchen,
Und ich fürcht mich wie ein Kind
Vor den bösen Bergesgeistern,
Die des Nachts geschäftig sind.«

Plötzlich schweigt die liebe Kleine,
Wie vom eignen Wort erschreckt,
Und sie hat mit beiden Händchen
Ihre Äugelein bedeckt.

Lauter rauscht die Tanne draußen,
Und das Spinnrad schnarrt und brummt,
Und die Zither klingt dazwischen,
Und die alte Weise summt:

»Fürcht dich nicht, du liebes Kindchen,
Vor der bösen Geister Macht;
Tag und Nacht, du liebes Kindchen,
Halten Englein bei dir Wacht!«

II

Tannenbaum, mit grünen Fingern,
Pocht ans niedre Fensterlein,
Und der Mond, der gelbe Lauscher,
Wirft sein süßes Licht herein.

Vater, Mutter schnarchen leise
In dem nahen Schlafgemach,
Doch wir beide, selig schwatzend,
Halten uns einander wach.

»Daß du gar zu oft gebetet,
Das zu glauben wird mir schwer,
Jenes Zucken deiner Lippen

For she spins the whole day long;
And the father plays the cithern
As he sings a good old song.

And the maiden softly whispers,
Softly, that none may hear;
Many a solemn little secret
Hath she murmured in my ear.

"Since I lost my aunt who loved me,
Now we never more repair
To the shooting-lodge at Goslar,

"Here above it is so lonely,
On the rocks where cold winds blow;
And in winter we are always
Deeply buried in the snow.

"And I'm such a timid creature,
And I'm frightened like a child
At the evil mountain spirits,
Who by night are raging wild"

Silent falls the winsome maiden,
Frightened by her own surmise,
Little hands, so white and dimpled,
Pressing on her sweet blue eyes.

Louder now the fir-trees rustle,
Spinning-wheel more harshly drones;
In their pauses sounds the cithern,
And the old song's simple tones:

"Do not fear, my tender nursling,
Aught of evil spirits' might;
For good angels still are watching
Round thy pathway day and night."

Now the fir-tree's dark-green fingers
Tap upon the window low,
And the moon, a yellow listener,
Casts within her sweetest glow.

Father, mother, both are sleeping,
Near at hand their rest they take;
But we two, in pleasant gossip,

"That thou prayest much too often,
Seems unlikely, I declare;
On thy lips there is a quiver

Kommt wohl nicht vom Beten her.

Jenes böse, kalte Zucken,
Das erschreckt mich jedesmal,
Doch die dunkle Angst beschwichtigt
Deiner Augen frommer Strahl.

Auch bezweifl' ich, daß du glaubest,
Was so rechter Glauben heißt,
Glaubst wohl nicht an Gott den Vater,
An den Sohn und Heil'gen Geist?«

»Ach, mein Kindchen, schon als Knabe,
Als ich saß auf Mutters Schoß,
Glaubte ich an Gott den Vater,
Der da waltet gut und groß;

Der die schöne Erd' erschaffen,
Und die schönen Menschen drauf,
Der den Sonnen, Monden, Sternen
Vorgezeichnet ihren Lauf.

Als ich größer wurde, Kindchen,
Noch viel mehr begriff ich schon,
Und begriff, und ward vernünftig,
Und ich glaub auch an den Sohn;

An den lieben Sohn, der liebend
Uns die Liebe offenbart,
Und zum Lohne, wie gebräuchlich,
Von dem Volk gekreuzigt ward.

Jetzo, da ich ausgewachsen,
Viel gelesen, viel gereist,
Schwillt mein Herz, und ganz von Herzen
Glaub ich an den Heil'gen Geist.

Dieser tat die größten Wunder,
Und viel größre tut er noch;
Er zerbrach die Zwingherrnburgen,
Und zerbrach des Knechtes Joch.

Alte Todeswunden heilt er,
Und erneut das alte Recht:
Alle Menschen, gleichgeboren,
Sind ein adliges Geschlecht.

Er verscheucht die bösen Nebel
Und das dunkle Hirngespinst,
Das uns Lieb' und Lust verleidet,
Tag und Nacht uns angegrinst.

Tausend Ritter, wohlgewappnet,
Hat der Heil'ge Geist erwählt,

Which was never born of prayer.

"Ah! that heartless, cold expression
All my being terrifies—
Though my darkling fear is lessened
By thy frank and honest eyes.

"Yet I doubt if thou believest
What is held for truth by most;
Hast thou faith in God the Father,
In the Son and Holy Ghost?"

"Ah, my darling! when an infant
By my mother's knee I stood,
I believed in God the Father,
In the Ruler great and good.

"He who made the world so lovely,
Gave man beauty, gave him force,
And to sun and moon and planets
Pre-appointed each its course.

"As I older grew, my darling,
And my way in wisdom won,
I in reason comprehended,
And believe now in the Son—

"In the well-loved Son, who, loving,
Oped the gates of Love so wide;
And for thanks—as is the custom—

"Now, that I in full-grown manhood
Reading, travel, wisdom boast;
Still my heart expands, and, truly
I believe the Holy Ghost,

"Who bath worked the greatest wonders—
Greater still he'll work again;
He bath broken tyrants' strongholds,
Broken every vassal's chain.

"Ancient deadly wounds he healeth,
He renews man's ancient right;
All to him, born free and equal,
Are as nobles in his sight.

"Clouds of evil flee before him,
And those cobwebs of the brain
Which forbade us love and pleasure,
Scowling grimly on our pain.

"And a thousand knights in armor
Hath he chosen and required

Seinen Willen zu erfüllen,
Und er hat sie mutbeseelt.

Ihre teuern Schwerter blitzen,
Ihre guten Banner wehn;
Ei, du möchtest wohl, mein Kindchen,
Solche stolze Ritter sehn?

Nun, so schau mich an, mein Kindchen,
Küsse mich und schaue dreist;
Denn ich selber bin ein solcher
Ritter von dem Heil'gen Geist.«

To fulfil his holy bidding—
All with noblest zeal inspired.

"Lo! I their precious swords are gleaming,
And their banners wave in fight!
What! Thou fain would'st see, my darling,
Such a proud and noble knight?

"Well, then, gaze on me, my dearest;
I am of that lordly host,
Kiss me! and you kiss a chosen

III

Still versteckt der Mond sich draußen
Hinterm grünen Tannenbaum,
Und im Zimmer unsre Lampe
Flackert matt und leuchtet kaum.

Aber meine blauen Sterne
Strahlen auf in hellerm Licht,
Und es glüht die Purpurrose,
Und das liebe Mädchen spricht:

»Kleines Völkchen, Wichtelmännchen,
Stehlen unser Brot und Speck,
Abends liegt es noch im Kasten,
Und des Morgens ist es weg.

Kleines Völkchen, unsre Sahne
Nascht es von der Milch, und läßt
Unbedeckt die Schüssel stehen,
Und die Katze säuft den Rest.

Und die Katz' ist eine Hexe,
Denn sie schleicht, bei Nacht und Sturm,
Drüben nach dem Geisterberge,
Nach dem altverfallnen Turm.

Dort hat einst ein Schloß gestanden,
Voller Lust und Waffenglanz;
Blanke Ritter, Fraun und Knappen
Schwangen sich im Fackeltanz.

Da verwünschte Schloß und Leute
Eine böse Zauberin,
Nur die Trümmer blieben stehen,
Und die Eulen nisten drin.

Doch die sel'ge Muhme sagte:
Wenn man spricht das rechte Wort,
Nächtlich zu der rechten Stunde,
Drüben an dem rechten Ort:

Silently the moon conceals her
Down behind the sombre trees,
And the lamp which lights our chamber
Flickers in the evening breeze.

But the starry eyes are beaming
Softly o'er the dimpled cheeks,
And the purple rose is glowing,
While the gentle maiden speaks.

"Little people—fairy goblins—
Steal away our meat and bread;
In the chest it lies at evening,
In the morning it has fled.

"From our milk the little people
Steal the cream and all the best;
Then they leave the dish uncovered,
And our cat drinks up the rest.

"And the cat's a witch, I'm certain,
For by night, when storms arise,
Oft she seeks the haunted hill-top
Where the fallen tower lies.

"There was once a splendid castle.
Home of joy and weapons bright,
Where there swept in stately pageant
Lady, page, and armèd knight.

"But a sorceress charmed the castle,
With its lords and ladies fair;
Now it is a lonely ruin,

"But my aunt hath often told me,
Could I speak the proper word,
In the proper place up yonder,
When the proper hour occurred,

So verwandeln sich die Trümmer
Wieder in ein helles Schloß,
Und es tanzen wieder lustig Ritter,
Fraun und Knappentroß;

Und wer jenes Wort gesprochen,
Dem gehören Schloß und Leut',
Pauken und Trompeten huld'gen
Seiner jungen Herrlichkeit.«

Also blühen Märchenbilder
Aus des Mundes Röselein,
Und die Augen gießen drüber
Ihren blauen Sternenschein.

Ihre goldnen Haare wickelt
Mir die Kleine um die Händ',
Gibt den Fingern hübsche Namen,
Lacht und küßt, und schweigt am End'.

Und im stillen Zimmer alles
Blickt mich an so wohlvertraut;
Tisch und Schrank, mir ist, als hätt ich
Sie schon früher mal geschaut.

Freundlich ernsthaft schwatzt die Wanduhr,
Und die Zither, hörbar kaum,
Fängt von selber an zu klingen,
Und ich sitze wie im Traum.

»Jetzo ist die rechte Stunde,
Und es ist der rechte Ort;
Staunen würdest du, mein Kindchen,
Spräch ich aus das rechte Wort.

Sprech ich jenes Wort, so dämmert
Und erbebt die Mitternacht,
Bach und Tannen brausen lauter,
Und der alte Berg erwacht.

Zitherklang und Zwergenlieder
Tönen aus des Berges Spalt,
Und es sprießt, wie 'n toller Frühling,
Draus hervor ein Blumenwald;

Blumen, kühne Wunderblumen,
Blätter, breit und fabelhaft,
Duftig bunt und hastig regsam,
Wie gedrängt von Leidenschaft.

Rosen, wild wie rote Flammen,
Sprühn aus dem Gewühl hervor;
Lilien, wie kristallne Pfeiler,

"I should see the ruins changing
Swiftly to a castle bright,
And again in stately dances
Dame and page and gallant knight.

"He who speaks the word of power
Wins the castle for his own,
And the knight with drum and trumpet
Loud will hail him lord alone."

So the simple fairy pictures
From the little rose-mouth bloom,
And the gentle eyes are shedding
Star-blue lustre through the gloom.

Round my hand the little maiden
Winds her gold locks as she will,
Gives a name to every finger,
Kisses, smiles, and then is still.

All things in the silent chamber,
Seem at once familiar grown,
As if e'en the chairs and clothes-press,
Well of old to me were known.

Now the clock talks kindly, gravely,
And the cithern, as 'twould seem,
Of itself is faintly chiming,

Now the proper hour is striking,
Here the charm should now be heard;
Child, how would'st thou be astonished,
Should I speak the magic word!

If I spoke that word, then fading
Night would thrill in fearful strife;
Trees and streams would roar together
As the mountains woke to life.

Ringing lutes and goblin ditties
From the clefted rock would sound,
Like a mad and merry spring-tide
Flowers grow forest-high around.

Thousand startling, wondrous flowers,
Leaves of vast and fabled form,
Strangely perfumed, wildly quivering,
As if thrilled with passion's storm.

In a crimson conflagration
Roses o'er the tumult rise;
Giant lilies, white as crystal,

Schießen himmelhoch empor.

Und die Sterne, groß wie Sonnen,
Schaun herab mit Sehnsuchtglut;
In der Lilien Riesenkelche
Strömet ihre Strahlenflut.

Doch wir selber, süßes Kindchen,
Sind verwandelt noch viel mehr;
Fackelglanz und Gold und Seide
Schimmern lustig um uns her.

Du, du wurdest zur Prinzessin,
Diese Hütte ward zum Schloß,
Und da jubeln und da tanzen Ritter,
Fraun und Knappentroß.

Aber ich, ich hab erworben
Dich und alles, Schloß und Leut';
Pauken und Trompeten huld'gen
Meiner jungen Herrlichkeit!«

Die Sonne ging auf. Die Nebel flohen, wie Gespenster beim dritten Hahnenschrei. Ich stieg wieder bergauf und bergab, und vor mir schwebte die schöne Sonne, immer neue Schönheiten beleuchtend. Der Geist des Gebirges begünstigte mich ganz offenbar; er wußte wohl, daß so ein Dichtermensch viel Hübsches wiedererzählen kann, und er ließ mich diesen Morgen seinen Harz sehen, wie ihn gewiß nicht jeder sah. Aber auch mich sah der Harz, wie mich nur wenige gesehen, in meinen Augenwimpern flimmerten ebenso kostbare Perlen wie in den Gräsern des Tals. Morgentau der Liebe feuchtete meine Wangen, die rauschenden Tannen verstanden mich, ihre Zweige taten sich voneinander, bewegten sich herauf und herab, gleich stummen Menschen, die mit den Händen ihre Freude bezeigen, und in der Ferne klang's wunderbar geheimnisvoll, wie Glockengeläute einer verlornen Waldkirche. Man sagt, das seien die Herdenglöckchen, die im Harz so lieblich, klar und rein gestimmt sind.

Nach dem Stand der Sonne war es Mittag, als ich auf eine solche Herde stieß, und der Hirt, ein freundlich blonder junger Mensch, sagte mir, der große Berg, an dessen Fuß ich stände, sei der alte, weltberühmte Brocken. Viele Stunden ringsum liegt kein Haus, und ich war froh genug, daß mich der junge Mensch einlud, mit ihm zu essen. Wir setzten uns nieder zu einem Déjeuner dînatoire, das aus Käse und Brot bestand; die Schäfchen erhaschten die Krumen, die lieben, blanken Kühlein sprangen um uns herum und klingelten schelmisch mit ihren Glöckchen und lachten uns an mit ihren großen, vergnügten Augen. Wir tafelten recht königlich; überhaupt schien mir mein Wirt ein echter König,

Shoot like columns to the skies.

Great as suns, the stars above us
Gaze adown with burning glow;
Fill the lilies' cups gigantic
With their lights' abundant flow.

We ourselves, my little maiden,
Would be changed more than all;
Torchlight gleams o'er gold and satin

Thou thyself would'st be the princess,
And this hut thy castle high;
Ladies, lords, and graceful pages
Would be dancing, singing by.

I, however, I have conquered
Thee, and all things, with the word!
Serfs and castle—lo! with trumpet
Loud they hail me as their Lord!

The sun rose. The mists flitted away like phantoms at the third crow of the cock. Again I wandered up hill and down dale, while above me soared the fair sun, ever lighting up new scenes of beauty. The Spirit of the Mountain evidently favored me, well knowing that a "poetical character" has it in his power to say many a fine thing of him, and on this morning he let me see his Harz as it is not, most assuredly, seen by every one. But the Harz also saw me as I am seen by few, and there were as costly pearls on my eyelashes as on the grass of the valley. The morning dew of love wet my cheeks; the rustling pines understood me; their twigs parted and waved up and down, as if, like mute mortals, they would express their joy with gestures of their hands, and from afar I heard beautiful and mysterious chimes, like the sound of bells belonging to some hidden forest church. People say that these sounds are caused by the cattle-bells, which, in the Harz ring with remarkable clearness and purity.

It was noon, according to the position of the sun, as I chanced upon such a flock, and its shepherd, a friendly, light-haired young fellow, told me that the great hill at whose base I stood was the old, world-renowned Brocken. For many leagues around there is no house, and I was glad enough when the young man invited me to share his meal. We sat down to a *déjeûner dînatoire*, consisting of bread and cheese. The sheep snatched up our crumbs, while pretty glossy heifers jumped around, ringing their bells roguishly, and laughing at us with great merry eyes. We made a royal meal, my host appearing to me every inch a king; and as he is the only monarch who has ever given me

und weil er bis jetzt der einzige König ist, der mir Brot gegeben hat, so will ich ihn auch königlich besingen.

König ist der Hirtenknabe,
Grüner Hügel ist sein Thron,
Über seinem Haupt die Sonne
Ist die schwere, goldne Kron'.

Ihm zu Füßen liegen Schafe,
Weiche Schmeichler, rotbekreuzt;
Kavaliere sind die Kälber,
Und sie wandeln stolzgespreizt.

Hofschauspieler sind die Böcklein,
Und die Vögel und die Küh',
Mit den Flöten, mit den Glöcklein,
Sind die Kammermusici.

Und das klingt und singt so lieblich,
Und so lieblich rauschen drein
Wasserfall und Tannenbäume,
Und der König schlummert ein.

Unterdessen muß regieren
Der Minister, jener Hund,
Dessen knurriges Gebelle
Widerhallet in der Rund'.

Schläfrig lallt der junge König:
»Das Regieren ist so schwer,
Ach, ich wollt, daß ich zu Hause
Schon bei meiner Kön'gin wär!

In den Armen meiner Kön'gin
Ruht mein Königshaupt so weich,
Und in ihren lieben Augen
Liegt mein unermeßlich Reich!«

Wir nahmen freundschaftlich Abschied, und fröhlich stieg ich den Berg hinauf. Bald empfing mich eine Waldung himmelhoher Tannen, für die ich, in jeder Hinsicht, Respekt habe. Diesen Bäumen ist nämlich das Wachsen nicht so ganz leicht gemacht worden, und sie haben es sich in der Jugend sauer werden lassen. Der Berg ist hier mit vielen großen Granitblöcken übersäet, und die meisten Bäume mußten mit ihren Wurzeln diese Steine umranken oder sprengen und mühsam den Boden suchen, woraus sie Nahrung schöpfen können. Hier und da liegen die Steine, gleichsam ein Tor bildend, übereinander, und oben darauf stehen die Bäume, die nackten Wurzeln über jene Steinpforte hinziehend und erst am Fuße derselben den Boden erfassend, so daß sie in der freien Luft zu wachsen scheinen. Und doch haben sie sich zu jener gewaltigen Höhe emporgeschwun-

bread, I will sing his praises right royally:

Kingly is the herd-boy's calling,
On the knoll his throne is set,
O'er his hair the sunlight falling
Gilds a living coronet.

Red-marked sheep that bleat so loudly
Are his courtiers cross-bedight,
Calves that strut before him proudly
Seem each one a stalwart knight.

Goats are actors nimbly springing,
And the cows and warblers gay
With their bell and flute-notes ringing
Form the royal orchestra.

And whene'er the music hushes,
Soft the pine-tree murmurs creep;
Far away a cataract rushes—
Look, our noble king's asleep!

Meanwhile through the kingdom bounding
Rules the dog as minister,
Till his bark from cliffs rebounding
Echoes to the sleeper's ear.

Yawning syllables he utters—
"Ruling is too hard a task.
Were I but at home," he mutters,

"On her arm my head reposes
Free from care, how happily!
And her loving glance discloses
Kingdom wide enough for me."

We took leave of each other in a friendly manner, and with a light heart I began to ascend the mountain. I was soon welcomed by a grove of stately firs, for which I entertain great respect in every regard, for these trees have not found growing to be such an easy business, and during the days of their youth it fared hard with them. The mountain is here sprinkled with a great number of blocks of granite, and most of the trees were obliged either to twine their roots over the stones, or to split them in two, and thus laboriously to search for the soil from which to draw their nourishment. Here and there stones lie on top of one another, forming, as it were, a gate, and over all rise the trees, twining their naked roots down over the stone portals, and only laying hold of the soil when they reach its base, so that they appear to be growing in the air; and yet,

gen, und mit den umklammerten Steinen wie zusammengewachsen, stehen sie fester als ihre bequemen Kollegen im zahmen Forstboden des flachen Landes. So stehen auch im Leben jene großen Männer, die durch das Überwinden früher Hemmungen und Hindernisse sich erst recht gestärkt und befestigt haben. Auf den Zweigen der Tannen kletterten Eichhörnchen, und unter denselben spazierten die gelben Hirsche. Wenn ich solch ein liebes, edles Tier sehe, so kann ich nicht begreifen, wie gebildete Leute Vergnügen daran finden, es zu hetzen und zu töten. Solch ein Tier war barmherziger als die Menschen und säugte den schmachtenden Schmerzenreich der heiligen Genoveva.

Allerliebst schossen die goldenen Sonnenlichter durch das dichte Tannengrün. Eine natürliche Treppe bildeten die Baumwurzeln. Überall schwellende Moosbänke; denn die Steine sind fußhoch von den schönsten Moosarten, wie mit hellgrünen Sammetpolstern, bewachsen. Liebliche Kühle und träumerisches Quellengemurmel. Hier und da sieht man, wie das Wasser unter den Steinen silberhell hinrieselt und die nackten Baumwurzeln und Fasern bespült. Wenn man sich nach diesem Treiben hinabbeugt, so belauscht man gleichsam die geheime Bildungsgeschichte der Pflanzen und das ruhige Herzklopfen des Berges. An manchen Orten sprudelt das Wasser aus den Steinen und Wurzeln stärker hervor und bildet kleine Kaskaden. Da läßt sich gut sitzen. Es murmelt und rauscht so wunderbar, die Vögel singen abgebrochene Sehnsuchtslaute, die Bäume flüstern wie mit tausend Mädchenzungen, wie mit tausend Mädchenaugen schauen uns an die seltsamen Bergblumen, sie strecken nach uns aus die wundersam breiten, drollig gezackten Blätter, spielend flimmern hin und her die lustigen Sonnenstrahlen, die sinnigen Kräutlein erzählen sich grüne Märchen, es ist alles wie verzaubert, es wird immer heimlicher und heimlicher, ein uralter Traum wird lebendig, die Geliebte erscheint – ach, daß sie so schnell wieder verschwindet!

Je höher man den Berg hinaufsteigt, desto kürzer, zwerghafter werden die Tannen, sie scheinen immer mehr und mehr zusammenzuschrumpfen, bis nur Heidelbeer- und Rotbeersträuche und Bergkräuter übrigbleiben. Da wird es auch schon fühlbar kälter. Die wunderlichen Gruppen der Granitblöcke werden hier erst recht sichtbar; diese sind oft von erstaunlicher Größe. Das mögen wohl die Spielbälle sein, die sich die bösen Geister einander zuwerfen in der Walpurgisnacht, wenn hier die Hexen auf Besenstielen und Mistgabeln einhergeritten kommen und die abenteuerlich verruchte Lust beginnt, wie die glaubhafte Amme es erzählt und wie es zu schauen ist auf den hübschen Faustbildern des Meister Retzsch. Ja, ein junger Dichter, der auf einer

as they have forced their way up to that startling height and grown into one with the rocks, they stand more securely than their comfortable comrades, who are rooted in the tame forest soil of the level country. So it is in life with those great men who have strengthened and established themselves by resolutely overcoming the obstacles and hindrances of their early years. Squirrels climbed amid the fir-twigs, while, beneath, yellow deer were quietly grazing. I cannot comprehend, when I see such a noble, lovable animal, how educated and refined people can take pleasure in hunting and killing it. Such a creature was once more merciful than man, and suckled the pining Schmerzenreich of the holy Genofeva.

Most beautiful were the golden sun-rays shooting through the dark-green of the firs. The roots of the trees formed a natural stairway, and everywhere my feet encountered swelling beds of moss, for the stones are here covered foot-deep, as if with light-green velvet cushions. Everywhere a pleasant freshness and the dreamy murmur of streams. Here and there we see water rippling silver-clear amid the rocks, washing the bare roots and fibres of trees. Bend down toward all this ceaseless activity and listen, and you will hear, as it were, the mysterious history of the growth of the plants, and the quiet pulsations of the heart of the mountain. In many places the water jets strongly up amid rocks and roots, forming little cascades. It is pleasant to sit in such places. There is such a wonderful murmuring and rustling, the birds pour forth broken lovesick strains, the trees whisper as if with a thousand maidens' tongues, the odd mountain flowers peep up at us as if with a thousand maidens' eyes, stretching out to us their curious, broad, drolly-scalloped leaves; the sun-rays flash here and there in sport; the herbs, as though endowed with reason, are telling one another their green legends; all seems enchanted and it becomes more and more mysterious; an old, old dream is realized—the loved one appears! Alas, that she so quickly vanishes!

The higher we ascend, so much the shorter and more dwarflike do the fir-trees become, shrinking up, as it were, within themselves, until finally only whortleberries, bilberries, and mountain herbs remain. It is also sensibly colder. Here, for the first time, the granite boulders, which are frequently of enormous size, become fully visible. These may well have been the balls which evil spirits cast at one another on the Walpurgis night, when the witches come riding hither on brooms and pitchforks, when the mad, unhallowed revelry begins, as our credulous nurses have told us, and as we may see it represented in the beautiful Faust pictures of Master Retsch. Yes, a young poet, who, while journeying from Berlin to Gottingen passed the Brocken

Reise von Berlin nach Göttingen in der ersten Mainacht am Brocken vorbeiritt, bemerkte sogar, wie einige belletristische Damen auf einer Bergecke ihre ästhetische Teegesellschaft hielten, sich gemütlich die »Abendzeitung« vorlasen, ihre poetischen Ziegenböckchen, die meckernd den Teetisch umhüpften, als Universalgenies priesen und über alle Erscheinungen in der deutschen Literatur ihr Endurteil fällten; doch als sie auch auf den »Ratcliff« und »Almansor« gerieten und dem Verfasser alle Frömmigkeit und Christlichkeit absprachen, da sträubte sich das Haar des jungen Mannes, Entsetzen ergriff ihn – ich gab dem Pferde die Sporen und jagte vorüber.

In der Tat, wenn man die obere Hälfte des Brockens besteigt, kann man sich nicht erwehren, an die ergötzlichen Blocksbergsgeschichten zu denken und besonders an die große, mystische, deutsche Nationaltragödie vom Doktor Faust. Mir war immer, als ob der Pferdefuß neben mir hinaufklettere und jemand humoristisch Atem schöpfe. Und ich glaube, auch Mephisto muß mit Mühe Atem holen, wenn er seinen Lieblingsberg ersteigt; es ist ein äußerst erschöpfender Weg, und ich war froh, als ich endlich das langersehnte Brockenhaus zu Gesicht bekam.

Dieses Haus, das, wie durch vielfache Abbildungen bekannt ist, bloß aus einem Parterre besteht und auf der Spitze des Berges liegt, wurde erst 1800 vom Grafen Stolberg-Wernigerode erbaut, für dessen Rechnung es auch, als Wirtshaus, verwaltet wird. Die Mauern sind erstaunlich dick, wegen des Windes und der Kälte im Winter; das Dach ist niedrig, in der Mitte desselben steht eine turmartige Warte, und bei dem Hause liegen noch zwei kleine Nebengebäude, wovon das eine, in frühern Zeiten, den Brockenbesuchern zum Obdach diente.

Der Eintritt in das Brockenhaus erregte bei mir eine etwas ungewöhnliche, märchenhafte Empfindung. Man ist nach einem langen, einsamen Umhersteigen durch Tannen und Klippen plötzlich in ein Wolkenhaus versetzt; Städte, Berge und Wälder blieben unten liegen, und oben findet man eine wunderlich zusammengesetzte, fremde Gesellschaft, von welcher man, wie es an dergleichen Orten natürlich ist, fast wie ein erwarteter Genosse, halb neugierig und halb gleichgültig, empfangen wird. Ich fand das Haus voller Gäste, und wie es einem klugen Manne geziemt, dachte ich schon an die Nacht, an die Unbehaglichkeit eines Strohlagers; mit hinsterbender Stimme verlangte ich gleich Tee, und der Herr Brockenwirt war vernünftig genug, einzusehen, daß ich kranker Mensch für die Nacht ein ordentliches Bett haben müsse. Dieses verschaffte er mir in einem engen Zimmerchen, wo schon ein junger Kaufmann, ein langes Brechpulver in einem braunen Oberrock, sich etabliert hatte.

on the first evening in May, even noticed how certain ladies who cultivated *belles-lettres*, were holding their esthetic tea-circle in a rocky corner, how they comfortably read aloud the *Evening Journal*, how they praised as universal geniuses their poetic billy-goats which hopped bleating around their table, and how they passed a final judgment on all the productions of German literature. But when they at last fell upon *Ratcliff* and *Almansor*, utterly denying to the author aught like piety or Christianity, the hair of the youth rose on end, terror seized him—I spurred my steed and rode onwards!

In fact, when we ascend the upper half of the Brocken, no one can well help thinking of the amusing legends of the Blocksberg, and especially of the great mystical German national tragedy of Doctor Faust. It ever seemed to me that I could hear the cloven foot scrambling along behind, and some one breathing humorously. And I verily believe that "Mephisto" himself must breathe with difficulty when he climbs his favorite mountain, for it is a road which is to the last degree exhausting, and I was glad enough when I at last beheld the long-desired Brocken house.

This house, as every one knows from numerous pictures, is situated on the summit of the mountain, consists of a single story, and was erected in the year 1800 by Count Stolberg-Wernigerode, in behalf of whom it is managed as a tavern. On account of the wind and cold in winter its walls are incredibly thick. The roof is low. From its midst rises a towerlike observatory, and near the house lie two little out-buildings, one of which in earlier times served as shelter to the Brocken visitors.

On entering the Brocken house, I experienced a somewhat unusual and unreal sensation. After a long solitary journey amid rocks and pines, the traveler suddenly finds himself in a house amid the clouds. Far below lie cities, hills, and forests, while above he encounters a curiously blended circle of strangers, by whom he is received, as is usual in such assemblies, almost like an expected companion—half inquisitively and half indifferently. I found the house full of guests, and, as becomes a wise man, I first thought of the night, and of the discomfort of sleeping on straw. With the voice of one dying I called for tea, and the Brocken landlord was reasonable enough to perceive that the sick gentleman must be provided with a decent bed. This he gave me in a narrow room, where a young merchant—a long emetic in a brown overcoat—had already established himself.

In der Wirtsstube fand ich lauter Leben und Bewegung. Studenten von verschiedenen Universitäten. Die einen sind kurz vorher angekommen und restaurieren sich, andere bereiten sich zum Abmarsch, schnüren ihre Ranzen, schreiben ihre Namen ins Gedächtnisbuch, erhalten Brockensträuße von den Hausmädchen; da wird in die Wangen gekniffen, gesungen, gesprungen, gejohlt, man fragt, man antwortet, gut Wetter, Fußweg, Prosit, Adieu. Einige der Abgehenden sind auch etwas angesoffen, und diese haben von der schönen Aussicht einen doppelten Genuß, da ein Betrunkener alles doppelt sieht.

Nachdem ich mich ziemlich rekreiert, bestieg ich die Turmwarte und fand daselbst einen kleinen Herrn mit zwei Damen, einer jungen und einer ältlichen. Die junge Dame war sehr schön. Eine herrliche Gestalt, auf dem lockigen Haupte ein helmartiger, schwarzer Atlashut, mit dessen weißen Federn die Winde spielten, die schlanken Glieder von einem schwarzseidenen Mantel so fest umschlossen, daß die edlen Formen hervortraten, und das freie, große Auge ruhig hinabschauend in die freie, große Welt.

Als ich noch ein Knabe war, dachte ich an nichts als an Zauber- und Wundergeschichten, und jede schöne Dame, die Straußfedern auf dem Kopfe trug, hielt ich für eine Elfenkönigin, und bemerkte ich gar, daß die Schleppe ihres Kleides naß war, so hielt ich sie für eine Wassernixe. Jetzt denke ich anders, seit ich aus der Naturgeschichte weiß, daß jene symbolischen Federn von dem dümmsten Vogel herkommen und daß die Schleppe eines Damenkleides auf sehr natürliche Weise naß werden kann. Hätte ich mit jenen Knabenaugen die erwähnte junge Schöne, in erwähnter Stellung, auf dem Brocken gesehen, so würde ich sicher gedacht haben: das ist die Fee des Berges, und sie hat eben den Zauber ausgesprochen, wodurch dort unten alles so wunderbar erscheint. Ja, in hohem Grade wunderbar erscheint uns alles beim ersten Hinabschauen vom Brocken, alle Seiten unseres Geistes empfangen neue Eindrücke, und diese, meistens verschiedenartig, sogar sich widersprechend, verbinden sich in unserer Seele zu einem großen, noch unentworrenen, unverstandenen Gefühl. Gelingt es uns, dieses Gefühl in seinem Begriffe zu erfassen, so erkennen wir den Charakter des Berges. Dieser Charakter ist ganz deutsch, sowohl in Hinsicht seiner Fehler als auch seiner Vorzüge. Der Brocken ist ein Deutscher. Mit deutscher Gründlichkeit zeigt er uns, klar und deutlich, wie ein Riesenpanorama, die vielen hundert Städte, Städtchen und Dörfer, die meistens nördlich liegen, und ringsum alle Berge, Wälder, Flüsse, Flächen, unendlich weit. Aber eben dadurch erscheint alles wie eine scharf gezeichnete, rein illuminierte Spezialkarte, nirgends wird das Auge durch eigentlich schöne Landschaften erfreut; wie es denn immer ge-

In the public room I found a full tide of bustle and animation. There were students from different universities. Some of the newly arrived were taking refreshments. Others, preparing for departure, buckled on their knapsacks, wrote their names in the album, and received Brocken bouquets from the housemaids. There was pinching of cheeks, singing, springing, trilling; questions asked, answers given, fragments of conversation such as—fine weather—footpath—*prosit*—luck be with you!—Adieu! Some of those leaving were also partly drunk, and these derived a twofold pleasure from the beautiful scenery, for a tipsy man sees double.

After recruiting my strength I ascended the observatory, and there found a little gentleman with two ladies, one of whom was young and the other elderly. The young lady was very beautiful—a superb figure, flowing locks, surmounted by a helm-like black satin *chapeau*, amid whose white plumes the wind played; fine limbs, so closely enwrapped by a black silk mantle that their exquisite form was made manifest, and great free eyes, calmly looking down into the great free world.

When a boy I thought of naught save tales of magic and wonder, and every fair lady who had ostrich feathers on her head I regarded as an elfin queen. If I observed that the train of her dress was wet I believed at once that she must be a water-fairy. Now I know better, having learned from natural history that those symbolical feathers are found on the most stupid of birds, and that the train of a lady's dress may become wet in a very natural way. But if I had, with those boyish eyes, seen the aforesaid young lady in the aforesaid position on the Brocken, I would most assuredly have thought—"that is the fairy of the mountain, and she has just uttered the charm which has caused every thing down there to appear so wonderful." Yes, at the first glance from the Brocken everything appears in a high degree marvelous. New impressions throng in on every side, and these, varied and often contradictory, unite in our soul in an as yet undefined uncomprehended sensation. If we succeed in grasping the sensation in its conception we shall comprehend the character of the mountain. This character is entirely German as regards not only its advantages but also its defects. The Brocken is a German. With German thoroughness he points out to us—sharply and accurately defined as in a panorama—the hundreds of cities, towns, and villages which are principally situated to the north, and all the mountains, forests, rivers, and plains which extend endlessly in all directions. But for this very reason everything appears like a sharply designed and perfectly colored map, and nowhere is the eye gratified by really beautiful landscapes—just as we German compilers, owing to the honorable exactness

schieht, daß wir deutschen Kompilatoren wegen der ehrlichen Genauigkeit, womit wir alles und alles hingeben wollen, nie daran denken können, das einzelne auf eine schöne Weise zu geben. Der Berg hat auch so etwas Deutschruhiges, Verständiges, Tolerantes; eben weil er die Dinge so weit und klar überschauen kann. Und wenn solch ein Berg seine Riesenaugen öffnet, mag er wohl noch etwas mehr sehen als wir Zwerge, die wir mit unsern blöden Äuglein auf ihm herumklettern. Viele wollen zwar behaupten, der Brocken sei sehr philiströse, und Claudius sang: »Der Blocksberg ist der lange Herr Philister!« Aber das ist Irrtum. Durch seinen Kahlkopf, den er zuweilen mit einer weißen Nebelkappe bedeckt, gibt er sich zwar einen Anstrich von Philiströsität; aber wie bei manchen andern großen Deutschen geschieht es aus purer Ironie. Es ist sogar notorisch, daß der Brocken seine burschikosen, phantastischen Zeiten hat, z.B. die erste Mainacht. Dann wirft er seine Nebelkappe jubelnd in die Lüfte und wird, ebensogut wie wir übrigen, recht echtdeutsch romantisch verrückt.

Ich suchte gleich die schöne Dame in ein Gespräch zu verflechten: denn Naturschönheiten genießt man erst recht, wenn man sich auf der Stelle darüber aussprechen kann. Sie war nicht geistreich, aber aufmerksam sinnig. Wahrhaft vornehme Formen. Ich meine nicht die gewöhnliche, steife, negative Vornehmheit, die genau weiß, was unterlassen werden muß, sondern jene seltnere, freie, positive Vornehmheit, die uns genau sagt, was wir tun dürfen, und die uns bei aller Unbefangenheit die höchste gesellige Sicherheit gibt. Ich entwickelte, zu meiner eigenen Verwunderung, viele geographische Kenntnisse, nannte der wißbegierigen Schönen alle Namen der Städte, die vor uns lagen, suchte und zeigte ihr dieselben auf meiner Landkarte, die ich über den Steintisch, der in der Mitte der Turmplatte steht, mit echter Dozentenmiene ausbreitete. Manche Stadt konnte ich nicht finden, vielleicht weil ich mehr mit den Fingern suchte als mit den Augen, die sich unterdessen auf dem Gesicht der holden Dame orientierten und dort schönere Partien fanden als »Schierke« und »Elend«. Dieses Gesicht gehörte zu denen, die nie reizen, selten entzücken und immer gefallen. Ich liebe solche Gesichter, weil sie mein schlimmbewegtes Herz zur Ruhe lächeln.

In welchem Verhältnis der kleine Herr, der die Damen begleitete, zu denselben stehen mochte, konnte ich nicht erraten. Es war eine dünne, merkwürdige Figur. Ein Köpfchen, sparsam bedeckt mit grauen Härchen, die über die kurze Stirn bis an die grünlichen Libellenaugen reichten, die runde Nase weit hervortretend, dagegen Mund und Kinn sich wieder ängstlich nach den Ohren zurückziehend. Dieses Gesichtchen schien aus einem zarten, gelblichen Tone zu bestehen, woraus die Bildhauer ihre ersten Modelle kneten; und wenn die

with which we attempt to give all and everything, never appear to think of giving the details in a beautiful manner. The mountain, in consequence, has a certain calm, German, intelligent, tolerant character, simply because he can see things so distant yet so distinctly. And when such a mountain opens his giant eyes, it may be that he sees somewhat more than we dwarfs, who with our weak eyes climb over him. Many indeed assert that the Blocksberg is very Philistian, and Claudius once sang "The Blocksberg is the lengthy Sir Philistine;" but that was an error. On account of his bald head, which he occasionally covers with a cloud-cap, the Blocksberg has indeed a somewhat Philistian aspect, but this with him, as with many other great Germans, is the result of pure irony; for it is notorious that he has his wild student and fantastic periods, as, for instance, on the first night of May. Then he casts his cloud-cap uproariously and merrily into the air, and becomes, like the rest of us, romantic mad, in real German fashion.

I soon sought to entrap the beauty into a conversation, for we begin to fully enjoy the beauties of nature only when we talk about them on the spot.

schmalen Lippen zusammenkniffen, zogen sich über die Wangen einige tausend halbkreisartige, feine Fältchen. Der kleine Mann sprach kein Wort, und nur dann und wann, wenn die ältere Dame ihm etwas Freundliches zuflüsterte, lächelte er wie ein Mops, der den Schnupfen hat.

Jene ältere Dame war die Mutter der jüngeren, und auch sie besaß die vornehmsten Formen. Ihr Auge verriet einen krankhaft schwärmerischen Tiefsinn, um ihren Mund lag strenge Frömmigkeit, doch schien mir's, als ob er einst sehr schön gewesen sei und viel gelacht und viele Küsse empfangen und viele erwidert habe. Ihr Gesicht glich einem Codex palimpsestus, wo, unter der neuschwarzen Mönchsschrift eines Kirchenvatertextes, die halberloschenen Verse eines altgriechischen Liebesdichters hervorlauschen. Beide Damen waren mit ihrem Begleiter dieses Jahr in Italien gewesen und erzählten mir allerlei Schönes von Rom, Florenz und Venedig. Die Mutter erzählte viel von den Raffaelschen Bildern in der Peterskirche; die Tochter sprach mehr von der Oper im Theater Fenice.

Derweilen wir sprachen, begann es zu dämmern; die Luft wurde noch kälter, die Sonne neigte sich tiefer, und die Turmplatte füllte sich mit Studenten, Handwerksburschen und einigen ehrsamen Bürgerleuten samt deren Ehefrauen und Töchtern, die alle den Sonnenuntergang sehen wollten. Es ist ein erhabener Anblick, der die Seele zum Gebet stimmt. Wohl eine Viertelstunde standen alle ernsthaft schweigend und sahen, wie der schöne Feuerball im Westen allmählich versank; die Gesichter wurden vom Abendrot angestrahlt, die Hände falteten sich unwillkürlich; es war, als ständen wir, eine stille Gemeinde, im Schiffe eines Riesendoms und der Priester erhöbe jetzt den Leib des Herrn und von der Orgel herab ergösse sich Palestrinas ewiger Choral.

Während ich so in Andacht versunken stehe, höre ich, daß neben mir jemand ausruft: »Wie ist die Natur doch im allgemeinen so schön!« Diese Worte kamen aus der gefühlvollen Brust meines Zimmergenossen, des jungen Kaufmanns. Ich gelangte dadurch wieder zu meiner Werkeltagsstimmung, war jetzt imstande, den Damen über den Sonnenuntergang recht viel Artiges zu sagen und sie ruhig, als wäre nichts passiert, nach ihrem Zimmer zu führen. Sie erlaubten mir auch, sie noch eine Stunde zu unterhalten. Wie die Erde selbst drehte sich unsre Unterhaltung um die Sonne. Die Mutter äußerte, die in Nebel versinkende Sonne habe ausgesehen wie eine rotglühende Rose, die der galante Himmel herabgeworfen in den weit ausgebreiteten, weißen Brautschleier seiner geliebten Erde. Die Tochter lächelte und meinte, der öftere Anblick solcher Naturerscheinungen schwäche ihren Eindruck. Die Mutter berichtigte diese falsche Meinung durch eine Stelle aus Goethes Reisebriefen und frug mich, ob ich den »Wer-

While we conversed twilight stole, the air grew colder, the sun sank lower and lower, and the tower platform was filled with students, traveling mechanics, and a few honest citizens with their spouses and daughters, all of whom were desirous of witnessing the sunset. It is truly a sublime spectacle, which tunes the soul to prayer. For a full quarter of an hour all stood in solemn silence, gazing on the beautiful fire-ball as it gradually sank in the west; our faces were bathed in the rosy light; our hands were involuntarily folded; it seemed as if we, a silent congregation, stood in the nave of a giant cathedral, that the priest raised the body of the Lord, and the Palestrina's immortal hymns poured forth from the organ.

As I stood thus, lost in devotion, I heard some one near me exclaim, "Ah, how beautiful Nature is, as a general thing!" These words came from the sentimental heart of my room-mate, the young merchant. They brought me back to my week-day frame of mind, and I was now able to say a few neat things to the ladies about the sunset and to accompany them, as calmly as if nothing had happened, to their room. They permitted me to talk an hour longer with them. Our conversation, like the earth's course, was about the sun. The mother declared that the sun, as it sank in the snowy clouds, seemed like a red glowing rose, which the gallant heaven had thrown upon the white outspreading bridal-veil of his loved earth. The daughter smiled, and thought that a frequent observation of such phenomena weakened their impression. The mother corrected this error by a quotation from Goethe's *Letters of Travel*, and asked me if I had read *Werther*. I believe that we also spoke of Angora cats, Etruscan vases, Turkish

ther« gelesen. Ich glaube, wir sprachen auch von Angorakatzen, etruskischen Vasen, türkischen Schals, Makkaroni und Lord Byron, aus dessen Gedichten die ältere Dame einige Sonnenuntergangsstellen, recht hübsch lispelnd und seufzend, rezitierte. Der jüngern Dame, die kein Englisch verstand und jene Gedichte kennenlernen wollte, empfahl ich die Übersetzungen meiner schönen, geistreichen Landsmännin, der Baronin Elise von Hohenhausen, bei welcher Gelegenheit ich nicht ermangelte, wie ich gegen junge Damen zu tun pflege, über Byrons Gottlosigkeit, Lieblosigkeit, Trostlosigkeit, und der Himmel weiß, was noch mehr, zu eifern.

Nach diesem Geschäfte ging ich noch auf dem Brocken spazieren; denn ganz dunkel wird es dort nie. Der Nebel war nicht stark, und ich betrachtete die Umrisse der beiden Hügel, die man den Hexenaltar und die Teufelskanzel nennt. Ich schoß meine Pistolen ab, doch es gab kein Echo. Plötzlich aber höre ich bekannte Stimmen und fühle mich umarmt und geküßt. Es waren meine Landsleute, die Göttingen vier Tage später verlassen hatten und bedeutend erstaunt waren, mich ganz allein auf dem Blocksberge wiederzufinden. Da gab es ein Erzählen und Verwundern und Verabreden, ein Lachen und Erinnern, und im Geiste waren wir wieder in unserem gelehrten Sibirien, wo die Kultur so groß ist, daß die Bären in den Wirtshäusern angebunden werden und die Zobel dem Jäger guten Abend wünschen.

Im großen Zimmer wurde eine Abendmahlzeit gehalten. Ein langer Tisch mit zwei Reihen hungriger Studenten. Im Anfange gewöhnliches Universitätsgespräch: Duelle, Duelle und wieder Duelle. Die Gesellschaft bestand meistens aus Hallensern, und Halle wurde daher Hauptgegenstand der Unterhaltung. Die Fensterscheiben des Hofrats Schütz wurden exegetisch beleuchtet. Dann erzählte man, daß die letzte Cour bei dem König von Zypern sehr glänzend gewesen sei, daß er einen natürlichen Sohn erwählt, daß er sich eine lichtensteinsche Prinzessin ans linke Bein antrauen lassen, daß er die Staatsmätresse abgedankt und daß das ganze gerührte Ministerium vorschriftmäßig geweint habe. Ich brauche wohl nicht zu erwähnen, daß sich dieses auf hallesche Bierwürden bezieht. Hernach kamen die zwei Chinesen aufs Tapet, die sich vor zwei Jahren in Berlin sehen ließen und jetzt in Halle zu Privatdozenten der chinesischen Ästhetik abgerichtet werden. Nun wurden Witze gerissen. Man setzte den Fall, ein Deutscher ließe sich in China für Geld sehen; und zu diesem Zwecke wurde ein Anschlagzettel geschmiedet, worin die Mandarinen Tsching-Tschang-Tschung und Hi-Ha-Ho begutachteten, daß es ein echter Deutscher sei, worin ferner seine Kunststücke aufgerechnet wurden, die hauptsächlich in Philosophieren, Tabakrauchen und Geduld bestanden, und worin noch schließlich bemerkt wurde, daß man

shawls, maccaroni, and Lord Byron, from whose poems the elder lady, daintly lisping and sighing, recited several passages about the sunset. To the younger lady, who did not understand English, and who wished to become familiar with those poems, I recommended the translation of my fair and gifted countrywoman, the Baroness Elise von Hohenhausen. On this occasion, as is my custom when talking with young ladies, I did not fail to declaim against Byron's godlessness, heartlessness, cheerlessness, and heaven knows what besides.

After this business I took a walk on the Brocken, for there it is never quite dark. The mist was not heavy, and I could see the outlines of the two hills known as the Witch's Altar and the Devil's Pulpit. I fired my pistol, but there was no echo. Suddenly, however, I heard familiar voices and found myself embraced and kissed. The newcomers were fellow-students from my own part of Germany, and had left Göttingen four days later than I. Great was their astonishment at finding me again, alone on the Blocksberg. Then came a flood tide of narrative, of astonishment, and of appointment-making, of laughing, and of recollecting, and in the spirit we found ourselves again in our learned Siberia, where refinement is carried to such an extent that the bears are tied up in the taverns, and the sables wish the hunter good evening.

In the great room we had supper. There was a long table, with two rows of hungry students. At first we indulged in the usual topic of university conversation—duels, duels, and once again duels. The company consisted principally of Halle students, and Halle formed, in consequence, the nucleus of their discourse. The window-panes of Court-Councilor Schütz were exegetically illuminated. Then it was mentioned that the King of Cyprus' last levee had been very brilliant; that the monarch had chosen a natural son; that he had married with the left hand a princess of the house of Lichtenstein; that the State-mistress had been forced to resign, and that the entire ministry, greatly moved, had wept according to rule. I need hardly explain that this all referred to certain beer dignitaries in Halle. Then the two Chinese, who two years before had been exhibited in Berlin, and who were now appointed lecturers on Chinese esthetics in Halle, were discussed. Then jokes were made. Some one supposed a case in which a live German might be exhibited for money in China, and to this end a placard was fabricated, in which the mandarins Tsching-Tschang-Tschung and Hi-Ha-Ho certified that the man was a genuine Teuton, including a list of his accomplishments, which consisted principally of philosophizing, smoking, and endless patience. It concluded with the notice that visitors were

um zwölf Uhr, welches die Fütterungsstunde sei, keine Hunde mitbringen dürfe, indem diese dem armen Deutschen die besten Brocken wegzuschnappen pflegten.

Ein junger Burschenschafter, der kürzlich zur Purifikation in Berlin gewesen, sprach viel von dieser Stadt, aber sehr einseitig. Er hatte Wisotzki und das Theater besucht; beide beurteilte er falsch. »Schnell fertig ist die Jugend mit dem Wort« usw. Er sprach von Garderobeaufwand, Schauspieler- und Schauspielerinnenskandal usw. Der junge Mensch wußte nicht, daß, da in Berlin überhaupt der Schein der Dinge am meisten gilt, was schon die allgemeine Redensart »man so duhn« hinlänglich andeutet, dieses Scheinwesen auf den Brettern erst recht florieren muß und daß daher die Intendanz am meisten zu sorgen hat für die »Farbe des Barts, womit eine Rolle gespielt wird«, für die Treue der Kostüme, die von beeidigten Historikern vorgezeichnet und von wissenschaftlich gebildeten Schneidern genäht werden. Und das ist notwendig. Denn trüge mal Maria Stuart eine Schürze, die schon zum Zeitalter der Königin Anna gehört, so würde gewiß der Bankier Christian Gumpel sich mit Recht beklagen, daß ihm dadurch alle Illusion verlorengehe; und hätte mal Lord Burleigh aus Versehen die Hosen von Heinrich IV. angezogen, so würde gewiß die Kriegsrätin von Steinzopf, geb. Lilientau, diesen Anachronismus den ganzen Abend nicht aus den Augen lassen. Solche täuschende Sorgfalt der Generalintendant erstreckt sich aber nicht bloß auf Schürzen und Hosen, sondern auch auf die darin verwickelten Personen. So soll künftig der Othello von einem wirklichen Mohren gespielt werden, den Professor Lichtenstein schon zu diesem Behufe aus Afrika verschrieben hat; in »Menschenhaß und Reue« soll künftig die Eulalia von einem wirklich verlaufenen Weibsbilde, der Peter von einem wirklich dummen Jungen und der Unbekannte von einem wirklich geheimen Hahnrei gespielt werden, die man alle drei nicht erst aus Afrika zu verschreiben braucht. Hatte nun obenerwähnter junger Mensch die Verhältnisse des Berliner Schauspiels schlecht begriffen, so merkte er noch viel weniger, daß die Spontinische Janitscharenoper, mit ihren Pauken, Elefanten, Trompeten und Tamtams, ein heroisches Mittel ist, um unser erschlafftes Volk kriegerisch zu stärken, ein Mittel, das schon Plato und Cicero staatspfiffig empfohlen haben. Am allerwenigsten begriff der junge Mensch die diplomatische Bedeutung des Balletts. Mit Mühe zeigte ich ihm, wie in Hoguets Füßen mehr Politik sitzt als in Buchholz' Kopf, wie alle seine Tanztouren diplomatische Verhandlungen bedeuten, wie jede seiner Bewegungen eine politische Beziehung habe, so z.B., daß er unser Kabinett meint, wenn er, sehnsüchtig vorgebeugt, mit den Händen weit ausgreift; daß er den Bundestag meint, wenn er sich hundertmal auf einem Fuße herumdreht,

prohibited from bringing any dogs with them at twelve o'clock (the hour for feeding the captive), as these animals would be sure to snap from the poor German all his titbits.

A young *Burschenschafter*, who had recently passed his period of purification in Berlin, spoke much, but very partially, of this city. He had frequented both Wisotzki and the theatre, but judged falsely of both. "For youth is ever ready with a word," etc. He spoke of the sumptuousness of the costumes, of scandals among actors and actresses, and similar matters. The youth knew not that in Berlin, where outside show exerts the greatest influence (as is abundantly evidenced by the commonness of the phrase "so people do"), this ostentation must flourish on the stage preëminently, and consequently that the special care of the management must be for "the color of the beard with which a part is played" and for the truthfulness of the costumes which are designed by sworn historians and sewed by scientifically instructed tailors. And this is indispensable. For if Maria Stuart wore an apron belonging to the time of Queen Anne, the banker, Christian Gumpel, would with justice complain that thereby all illusion was destroyed; and if Lord Burleigh in a moment of forgetfulness should don the hose of Henry the Fourth, then the War-Councilor Von Steinzopf's wife, *née* Lilienthau, would not get the anachronism out of her head for the whole evening.... But little as this young man had comprehended the conditions of the Berlin drama, still less was he aware that the Spontini Janissary opera, with its kettledrums, elephants, trumpets, and gongs, is a heroic means of inspiring our enervated people with warlike enthusiasm—a means once shrewdly recommended by Plato and Cicero. Least of all did the youth comprehend the diplomatic significance of the ballet. It was with great trouble that I finally made him understand that there was really more political science in Hoguet's feet than in Buchholz's head, that all his *tours de danse* signified diplomatic negotiations, and that his every movement hinted at state matters; as, for instance, when he bent forward anxiously, stretching his hands out wide and grasping at the air, he meant our Cabinet; that a hundred pirouettes on one toe without quitting the spot alluded to the German Diet; that he was thinking of the lesser princes when he tripped around with his legs tied; that he described the European balance of power when he tottered hither and thither like a drunken man; that he hinted at a Congress when he twisted his bended arms together like a skein; and finally, that he sets forth our altogether too great friend in the East, when, very gradually unfolding himself, he rises on high, stands for a long time in this elevated position, and then all at once breaks out into the most terrifying

ohne vom Fleck zu kommen; daß er die kleinen Fürsten im Sinne hat, wenn er wie mit gebundenen Beinen herumtrippelt; daß er das europäische Gleichgewicht bezeichnet, wenn er wie ein Trunkener hin und her schwankt; daß er einen Kongreß andeutet, wenn er die gebogenen Arme knäuelartig ineinander verschlingt; und endlich, daß er unsern allzu großen Freund im Osten darstellt, wenn er in allmählicher Entfaltung sich in die Höhe hebt, in dieser Stellung lange ruht und plötzlich in die erschrecklichsten Sprünge ausbricht. Dem jungen Manne fielen die Schuppen von den Augen, und jetzt merkte er, warum Tänzer besser honoriert werden als große Dichter, warum das Ballett beim diplomatischen Korps ein unerschöpflicher Gegenstand des Gesprächs ist und warum oft eine schöne Tänzerin noch privatim von dem Minister unterhalten wird, der sich gewiß Tag und Nacht abmüht, sie für sein politisches Systemchen empfänglich zu machen. Beim Apis! wie groß ist die Zahl der exoterischen und wie klein die Zahl der esoterischen Theaterbesucher! Da steht das blöde Volk und gafft und bewundert Sprünge und Wendungen und studiert Anatomie in den Stellungen der Lemiere und applaudiert die Entrechats der Röhnisch und schwatzt von Grazie, Harmonie und Lenden – und keiner merkt, daß er in getanzten Chiffren das Schicksal des deutschen Vaterlandes vor Augen hat.

Während solcherlei Gespräche hin- und herflogen, verlor man doch das Nützliche nicht aus den Augen, und den großen Schüsseln, die mit Fleisch, Kartoffeln usw. ehrlich angefüllt waren, wurde fleißig zugesprochen. Jedoch das Essen war schlecht. Dieses erwähnte ich leichthin gegen meinen Nachbar, der aber, mit einem Akzente, woran ich den Schweizer erkannte, gar unhöflich antwortete, daß wir Deutschen, wie mit der wahren Freiheit, so auch mit der wahren Genügsamkeit unbekannt seien. Ich zuckte die Achseln und bemerkte, daß die eigentlichen Fürstenknechte und Leckerkramverfertiger überall Schweizer sind und vorzugsweise so genannt werden und daß überhaupt die jetzigen schweizerischen Freiheitshelden, die soviel Politisch-Kühnes ins Publikum hineinschwatzen, mir immer vorkommen wie Hasen, die auf öffentlichen Jahrmärkten Pistolen abschießen, alle Kinder und Bauern durch ihre Kühnheit in Erstaunen setzen und dennoch Hasen sind.

Der Sohn der Alpen hatte es gewiß nicht böse gemeint, »es war ein dicker Mann, folglich ein guter Mann«, sagt Cervantes. Aber mein Nachbar von der andern Seite, ein Greifswalder, war durch jene Äußerung sehr pikiert; er beteuerte, daß deutsche Tatkraft und Einfältigkeit noch nicht erloschen sei, schlug sich dröhnend auf die Brust und leerte eine ungeheure Stange Weißbier. Der Schweizer sagte: »Nu! Nu!« Doch je beschwichtigender er dieses sagte, desto eifriger ging der Greifswalder ins Geschirr. Dieser war ein Mann aus

leaps. The scales fell from the eyes of the young man, and he now saw how it was that dancers are better paid than great poets, and why the ballet forms in diplomatic circles an inexhaustible subject of conversation. By Apis! how great is the number of the esoteric, and how small the array of the esoteric frequenters of the theatre! There sit the stupid audience, gaping and admiring leaps and attitudes, studying anatomy in the positions of Lemière, and applauding the *entrechats* of Röhnisch, prattling of "grace," "harmony," and "limbs"—no one remarking meanwhile that he has before him in chronological ciphers the destiny of the German Fatherland.

jenen Zeiten, als die Läuse gute Tage hatten und die Friseure zu verhungern fürchteten. Er trug herabhängend langes Haar, ein ritterliches Barett, einen schwarzen, altdeutschen Rock, ein schmutziges Hemd, das zugleich das Amt einer Weste versah, und darunter ein Medaillon mit einem Haarbüschel von Blüchers Schimmel. Er sah aus wie ein Narr in Lebensgröße. Ich mache mir gern einige Bewegung beim Abendessen und ließ mich daher von ihm in einen patriotischen Streit verflechten. Er war der Meinung, Deutschland müsse in dreiunddreißig Gauen geteilt werden. Ich hingegen behauptete, es müßten achtundvierzig sein, weil man alsdann ein systematischeres Handbuch über Deutschland schreiben könne und es doch notwendig sei, das Leben mit der Wissenschaft zu verbinden. Mein Greifswalder Freund war auch ein deutscher Barde, und wie er mir vertraute, arbeitete er an einem Nationalheldengedicht zur Verherrlichung Hermanns und der Hermannsschlacht. Manchen nützlichen Wink gab ich ihm für die Anfertigung dieses Epos. Ich machte ihn darauf aufmerksam, daß er die Sümpfe und Knüppelwege des Teutoburger Waldes sehr onomatopöisch durch wäßrige und holprige Verse andeuten könne und daß es eine patriotische Feinheit wäre, wenn er den Varus und die übrigen Römer lauter Unsinn sprechen ließe. Ich hoffe, dieser Kunstkniff wird ihm, ebenso erfolgreich wie andern Berliner Dichtern, bis zur bedenklichsten Illusion gelingen.

An unserem Tische wurde es immer lauter und traulicher, der Wein verdrängte das Bier, die Punschbowlen dampften, es wurde getrunken, smolliert und gesungen. Der alte Landesvater und herrliche Lieder von W. Müller, Rückert, Uhland usw. erschollen. Schöne Methfesselsche Melodien. Am allerbesten erklangen unseres Arndts deutsche Worte: »Der Gott, der Eisen wachsen ließ, der wollte keine Knechte!« Und draußen brauste es, als ob der alte Berg mitsänge, und einige schwankende Freunde behaupteten sogar, er schüttle freudig sein kahles Haupt und unser Zimmer werde dadurch hin und her bewegt. Die Flaschen wurden leerer und die Köpfe voller. Der eine brüllte, der andere fistulierte, ein dritter deklamierte aus der »Schuld«, ein vierter sprach Latein, ein fünfter predigte von der Mäßigkeit, und ein sechster stellte sich auf den Stuhl und dozierte: »Meine Herren! Die Erde ist eine runde Walze, die Menschen sind einzelne Stiftchen darauf, scheinbar arglos zerstreut; aber die Walze dreht sich, die Stiftchen stoßen hier und da an und tönen, die einen oft, die andern selten, das gibt eine wunderbare, komplizierte Musik, und diese heißt Weltgeschichte. Wir sprechen also erst von der Musik, dann von der Welt und endlich von der Geschichte; letztere aber teilen wir ein in Positiv und spanische Fliegen –« Und so ging's weiter mit Sinn und Unsinn.

The company around the table gradually became better acquainted and much noisier. Wine banished beer, punch-bowls steamed, songs were sung, and brotherhood was drunk in true student fashion. The old "Landsfather toast" and the beautiful songs of W. Müller, Rückert, Uhland, and others rang out with the exquisite airs of Methfessel. Best of all sounded our own Arndt's German words, "The Lord, who bade iron grow, wished for no slaves." And out of doors it roared as if the old mountain sang with us, and a few reeling friends even asserted that he merrily shook his bald head, which caused the great unsteadiness of the floor of our room.

Ein gemütlicher Mecklenburger, der seine Nase im Punschglase hatte und selig lächelnd den Dampf einschnupfte, machte die Bemerkung, es sei ihm zumute, als stände er wieder vor dem Theaterbüfett in Schwerin! Ein anderer hielt sein Weinglas wie ein Perspektiv vor die Augen und schien uns aufmerksam damit zu betrachten, während ihm der rote Wein über die Backen ins hervortretende Maul hinablief. Der Greifswalder, plötzlich begeistert, warf sich an meine Brust und jauchzte: »Oh, verständest du mich, ich bin ein Liebender, ich bin ein Glücklicher, ich werde wiedergeliebt, und, Gott verdamm mich! es ist ein gebildetes Mädchen, denn sie hat volle Brüste und trägt ein weißes Kleid und spielt Klavier!« – Aber der Schweizer weinte und küßte zärtlich meine Hand und wimmerte beständig: »O Bäbeli! O Bäbeli!«

In diesem verworrenen Treiben, wo die Teller tanzen und die Gläser fliegen lernten, saßen mir gegenüber zwei Jünglinge, schön und blaß wie Marmorbilder, der eine mehr dem Adonis, der andere mehr dem Apollo ähnlich. Kaum bemerkbar war der leichte Rosenhauch, den der Wein über ihre Wangen hinwarf. Mit unendlicher Liebe sahen sie sich einander an, als wenn einer lesen könnte in den Augen des andern, und in diesen Augen strahlte es, als wären einige Lichttropfen hineingefallen aus jener Schale voll lodernder Liebe, die ein frommer Engel dort oben von einem Stern zum andern hinüberträgt. Sie sprachen leise, mit sehnsuchtbebender Stimme, und es waren traurige Geschichten, aus denen ein wunderschmerzlicher Ton hervorklang. »Die Lore ist jetzt auch tot!« sagte der eine und seufzte, und nach einer Pause erzählte er von einem halleschen Mädchen, das in einen Studenten verliebt war und, als dieser Halle verließ, mit niemand mehr sprach und wenig aß und Tag und Nacht weinte und immer den Kanarienvogel betrachtete, den der Geliebte ihr einst geschenkt hatte. »Der Vogel starb, und bald darauf ist auch die Lore gestorben!« so schloß die Erzählung, und beide Jünglinge schwiegen wieder und seufzten, als wollte ihnen das Herz zerspringen. Endlich sprach der andere: »Meine Seele ist traurig! Komm mit hinaus in die dunkle Nacht! Einatmen will ich den Hauch der Wolken und die Strahlen des Mondes. Genosse meiner Wehmut! ich liebe dich, deine Worte tönen wie Rohrgeflüster, wie gleitende Ströme, sie tönen wider in meiner Brust, aber meine Seele ist traurig!«

During this crazy scene, in which plates learned to dance and glasses to fly, there sat opposite me two youths, beautiful and pale as statues, one resembling Adonis, the other Apollo. The faint rosy hue which the wine spread over their cheeks was scarcely noticeable. They gazed on each other with infinite affection, as if the one could read in the eyes of the other, and in those eyes there was a light as though drops of light had fallen therein from the cup of burning love, which an angel on high bears from one star to the other. They conversed softly with earnest trembling voices, and narrated sad stories, through all of which ran a tone of strange sorrow. "Lora is dead now too!" said one, and, sighing, proceeded to tell of a maiden of Halle who had loved a student, and who, when the latter left Halle, spoke no more to any one, ate but little, wept day and night, gazing over on the canary-bird which her lover had given her. "The bird died, and Lora did not long survive it," was the conclusion, and both the youths sighed as though their hearts would break. Finally the other said, "My soul is sorrowful; come forth with me into the dark night! Let me inhale the breath of the clouds and the moon-rays. Companion of my sorrow! I love thee; thy words are musical, like the rustling of reeds and the flow of rivulets; they reëcho in my breast, but my soul is sad!"

Nun erhoben sich die beiden Jünglinge, einer schlang den Arm um den Nacken des andern, und sie verließen das tosende Zimmer. Ich folgte ihnen nach und sah, wie sie in eine dunkle Kammer traten, wie der eine, statt des Fensters, einen großen Kleiderschrank öffnete, wie beide vor demselben, mit sehnsüchtig ausgestreckten Armen, stehenblieben und wechselweise sprachen. »Ihr Lüfte der dämmernden Nacht!« rief der erste, »wie er-

Both of the young men arose. One threw his arm around the neck of the other, and thus they left the noisy room. I followed, and saw them enter a dark chamber, where the one by mistake, instead of the window, threw open the door of a large wardrobe, and both, standing before it with outstretched arms, expressing poetic rapture, spoke alternately. "Ye breezes of darkening night," cried the first, "how ye cool and re-

quickend kühlt ihr meine Wangen! Wie lieblich spielt ihr mit meinen flatternden Locken! Ich steh auf des Berges wolkigem Gipfel, unter mir liegen die schlafenden Städte der Menschen und blinken die blauen Gewässer. Horch! dort unten im Tale rauschen die Tannen! Dort über die Hügel ziehen, in Nebelgestalten, die Geister der Väter. Oh, könnt ich mit euch jagen, auf dem Wolkenroß, durch die stürmische Nacht, über die rollende See, zu den Sternen hinauf! Aber ach! ich bin beladen mit Leid, und meine Seele ist traurig!« – Der andere Jüngling hatte ebenfalls seine Arme sehnsuchtsvoll nach dem Kleiderschrank ausgestreckt, Tränen stürzten aus seinen Augen, und zu einer gelbledernen Hose, die er für den Mond hielt, sprach er mit wehmütiger Stimme: »Schön bist du, Tochter des Himmels! Holdselig ist deines Antlitzes Ruhe! Du wandelst einher in Lieblichkeit! Die Sterne folgen deinen blauen Pfaden im Osten. Bei deinem Anblick erfreuen sich die Wolken, und es lichten sich ihre düstern Gestalten. Wer gleicht dir am Himmel, Erzeugte der Nacht? Beschämt in deiner Gegenwart sind die Sterne und wenden ab die grünfunkelnden Augen. Wohin, wenn des Morgens dein Antlitz erbleicht, entfliehst du von deinem Pfade? Hast du gleich mir deine Halle? Wohnst du im Schatten der Wehmut? Sind deine Schwestern vom Himmel gefallen? Sie, die freudig mit dir die Nacht durchwallten, sind sie nicht mehr? Ja, sich fielen herab, o schönes Licht, und du verbirgst dich oft, sie zu betrauern. Doch einst wird kommen die Nacht, und du, auch du bist vergangen und hast deine blauen Pfade dort oben verlassen. Dann erheben die Sterne ihre grünen Häupter, die einst deine Gegenwart beschämt, sich werden sich freuen. Doch jetzt bist du gekleidet in deiner Strahlenpracht und schaust herab aus den Toren des Himmels. Zerreißt die Wolken, o Winde, damit die Erzeugte der Nacht hervorzuleuchten vermag und die buschigen Berge erglänzen und das Meer seine schäumenden Wogen rolle in Licht!«

Ein wohlbekannter, nicht sehr magerer Freund, der mehr getrunken als gegessen hatte, obgleich er auch heute abend, wie gewöhnlich, eine Portion Rindfleisch verschlungen, wovon sechs Gardeleutnants und ein unschuldiges Kind satt geworden wären, dieser kam jetzt in allzu gutem Humor, d.h. ganzen Schwein, vorbeigerannt, schob die beiden elegischen Freunde etwas unsanft in den Schrank hinein, polterte nach der Haustüre und wirtschaftete draußen ganz mörderlich. Der Lärm im Saal wurde auch immer verworrener und dumpfer. Die beiden Jünglinge im Schranke jammerten und wimmerten, sie lägen zerschmettert am Fuße des Berges; aus dem Hals strömte ihnen der edle Rotwein, sie überschwemmten sich wechselseitig, und der eine sprach zum andern: »Lebe wohl! Ich fühle, daß ich verblute. Warum weckst du mich, Frühlingsluft? Du buhlst und sprichst: Ich betaue dich mit Tropfen des Himmels.

vive my cheeks! How sweetly ye play amid my fluttering locks! I stand on the cloudy peak of the mountain; far below me lie the sleeping cities of men, and blue waters gleam. List! far below in the valley rustle the fir-trees! Far above yonder hills sweep in misty forms the spirits of our fathers. Oh, that I could hunt with ye on your cloud-steeds through the stormy night, over the rolling sea, upwards to the stars! Alas! I am laden with grief, and my soul is sad!" Meanwhile, the other had also stretched out *his* arms toward the wardrobe, while tears fell from his eyes as he cried to a pair of yellow leather pantaloons which he mistook for the moon, "Fair art thou, daughter of heaven! Lovely and blessed is the calm of thy countenance. Thou walkest in loveliness! The stars follow thy blue path in the east! At thy glance the clouds rejoice, and their dark forms gleam with light. Who is like unto thee in heaven, thou the night-born? The stars are ashamed before thee, and turn away their sparkling eyes. Whither, ah, whither, when morning pales thy face, dost thou flee from thy path? Hast thou, like me, thy Halle? Dwellest thou amid shadows of sorrow? Have thy sisters fallen from heaven? Are they who joyfully rolled with thee through the night now no more? Yea, they have fallen down, oh! lovely light, and thou hidest thyself often to bewail them! Yet the night must come at last when thou too will have passed away, and left thy blue path above in heaven. Then the stars, that were once ashamed in thy presence, will raise their green heads and rejoice. But now art clothed in thy beaming splendor and gazest down from the gate of heaven. Tear aside the clouds, oh! ye winds, that the night-born may shine forth and the bushy hills gleam, and that the foaming waves of the sea may roll in light!"

Doch die Zeit meines Welkens ist nahe, nahe der Sturm, der meine Blätter herabstört! Morgen wird der Wanderer kommen, kommen, der mich sah in meiner Schönheit, ringsum wird sein Auge im Felde mich suchen und wird mich nicht finden.« – Aber alles übertobte die wohlbekannte Baßstimme, die draußen vor der Türe, unter Fluchen und Jauchzen, sich gottlästerlich beklagte, daß auf der ganzen dunkeln Weenderstraße keine einzige Laterne brenne und man nicht einmal sehen könne, bei wem man die Fensterscheiben eingeschmissen habe.

Ich kann viel vertragen – die Bescheidenheit erlaubt mir nicht, die Bouteillenzahl zu nennen –, und ziemlich gut konditioniert gelangte ich nach meinem Schlafzimmer. Der junge Kaufmann lag schon im Bette, mit seiner kreideweißen Nachtmütze und safrangelben Jacke von Gesundheitsflanell. Er schlief noch nicht und suchte ein Gespräch mit mir anzuknüpfen. Er war ein Frankfurt-am-Mainer, und folglich sprach er gleich von den Juden, die alles Gefühl für das Schöne und Edle verloren haben und die englischen Waren 25 Prozent unter dem Fabrikpreise verkaufen. Es ergriff mich die Lust, ihn etwas zu mystifizieren; deshalb sagte ich ihm, ich sei ein Nachtwandler und müsse im voraus um Entschuldigung bitten, für den Fall, daß ich ihn etwa im Schlafe stören möchte. Der arme Mensch hat deshalb, wie er mir den andern Tag gestand, die ganze Nacht nicht geschlafen, da er die Besorgnis hegte, ich könnte mit meinen Pistolen, die vor meinem Bette lagen, im Nachtwandlerzustande ein Malheur anrichten. Im Grunde war es mir nicht viel besser als ihm gegangen, ich hatte sehr schlecht geschlafen. Wüste, beängstigende Phantasiegebilde. Ein Klavierauszug aus Dantes »Hölle«. Am Ende träumte mir gar, ich sähe die Aufführung einer juristischen Oper, die »Falcidia« geheißen, erbrechtlicher Text von Gans und Musik von Spontini. Ein toller Traum. Das römische Forum leuchtete prächtig, Serv. Asinius Göschenus als Prätor auf seinem Stuhle, die Toga in stolze Falten werfend, ergoß sich in polternden Rezitativen; Marcus Tullius Elversus, als Primadonna legataria, all seine holde Weiblichkeit offenbarend, sang die liebeschmelzende Bravourarie »Quicunque civis romanus«; ziegelrot geschminkte Referendarien brüllten als Chor der Unmündigen; Privatdozenten, als Genien in fleischfarbigen Trikot gekleidet, tanzten ein antejustinianeisches Ballett und bekränzten mit Blumen die zwölf Tafeln; unter Donner und Blitz stieg aus der Erde der beleidigte Geist der römischen Gesetzgebung, hierauf Posaunen, Tamtam, Feuerregen, cum omni causa.

Aus diesem Lärmen zog mich der Brockenwirt, indem er mich weckte, um den Sonnenaufgang anzusehen. Auf dem Turm fand ich schon einige Harrende, die sich die frierenden Hände rieben, andere, noch den Schlaf in den Augen, taumelten herauf. Endlich stand die stille Gemeinde von gestern abend wieder ganz versammelt,

I can bear a tolerable quantity—modesty forbids me to say how many bottles—and I consequently retired to my chamber in tolerably good condition. The young merchant already lay in bed, enveloped in his chalk-white night-cap and saffron yellow night-shirt of sanitary flannel. He was not asleep, and sought to enter into conversation with me. He was from Frankfurt-on-the-Main, and consequently spoke at once of the Jews, declared that they had lost all feeling for the beautiful and noble, and that they sold English goods twenty-five per cent. under manufacturers' prices. A fancy to humbug him came over me, and I told him that I was a somnambulist, and must beforehand beg his pardon should I unwittingly disturb his slumbers. This intelligence, as he confessed the following day, prevented him from sleeping a wink through the whole night, especially since the idea had entered his head that I, while in a somnambulistic state, might shoot him with the pistol which lay near my bed. But in truth I fared no better myself, for I slept very little. Dreary and terrifying fancies swept through my brain....

From this confusion I was rescued by the landlord of the Brocken, when he awoke me to see the sun rise. On the tower I found several people already waiting, and rubbing their freezing hands; others, with sleep still in their eyes, stumbled up to us, until finally the whole silent congregation of the previous evening was

und schweigend sahen wir, wie am Horizonte die kleine karmoisinrote Kugel emporstieg, eine winterlich dämmernde Beleuchtung sich verbreitete, die Berge wie in einem weißwallenden Meere schwammen und bloß die Spitzen derselben sichtbar hervortraten, so daß man auf einem kleinen Hügel zu stehen glaubte, mitten auf einer überschwemmten Ebene, wo nur hier und da eine trockene Erdscholle hervortritt. Um das Gesehene und Empfundene in Worten festzuhalten, zeichnete ich folgendes Gedicht:

Heller wird es schon im Osten
Durch der Sonne kleines Glimmen,
Weit und breit die Bergesgipfel
In dem Nebelmeere schwimmen.

Hätt ich Siebenmeilenstiefel,
Lief' ich mit der Hast des Windes,
Über jene Bergesgipfel,
Nach dem Haus des lieben Kindes.

Von dem Bettchen, wo sie schlummert,
Zög ich leise die Gardinen,
Leise küßt' ich ihre Stirne,
Leise ihres Munds Rubinen.

Und noch leiser wollt' ich flüstern
In die kleinen Lilienohren
»Denk im Traum, daß wir uns lieben,
Und daß wir uns nie verloren.«

Indessen, meine Sehnsucht nach einem Frühstück war ebenfalls groß, und nachdem ich meinen Damen einige Höflichkeiten gesagt, eilte ich hinab, um in der warmen Stube Kaffee zu trinken. Es tat not; in meinem Magen sah es so nüchtern aus wie in der Goslarschen Stephanskirche. Aber mit dem arabischen Trank rieselte mir auch der warme Orient durch die Glieder, östliche Rosen umdufteten mich, süße Bulbullieder erklangen, die Studenten verwandelten sich in Kamele, die Brockenhausmädchen, mit ihren Congrevischen Blicken, wurden zu Huris, die Philisternasen wurden Minaretts usw.

Das Buch, das neben mir lag, war aber nicht der Koran. Unsinn enthielt es freilich genug. Es war das sogenannte Brockenbuch, worin alle Reisende, die den Berg erstiegen, ihre Namen schreiben und die meisten noch einige Gedanken und, in Ermangelung derselben, ihre Gefühle hinzunotieren. Viele drücken sich sogar in Versen aus. In diesem Buche sieht man, welche Greuel entstehen, wenn der große Philistertroß bei gebräuchlichen Gelegenheiten, wie hier auf dem Brocken, sich vorgenommen hat, poetisch zu werden. Der Palast des Prinzen von Pallagonia enthält keine so große Abgeschmacktheiten wie dieses Buch, wo besonders her-

reassembled, and we saw how, above the horizon, there rose a little carmine-red ball, spreading a dim, wintry light. Far around, amid the mists, rose the mountains, as if swimming in a white rolling sea, only their summits being visible, so that we could imagine ourselves standing on a little hill in the midst of an inundated plain, in which here and there rose dry clods of earth. To retain what I saw and felt, I sketched the following poem:

In the east 'tis ever brighter,
Though the sun gleams fitfully;
Far and wide the mountain summits
Swim above the misty sea.

Had I seven-league boots for travel,
Like the fleeting winds I'd rove
Over valley, rock, and river,

From the bed where now she's sleeping
Soft the curtain I would slip;
Softly kiss her childlike forehead,
Kiss the ruby of her lip.

Yet more softly would I whisper
In the little lily ear,
"Think in dreams we still are loving,
Think I never lost thee, dear."

Meanwhile my longing for breakfast was also great, and, after paying a few compliments to my ladies, I hastened down to drink coffee in the warm public room. It was full time, for all within me was as sober and as sombre as in the St. Stephen's Church at Goslar. But with the Arabian beverage, the warm Orient thrilled through my limbs, Eastern roses breathed forth their perfumes, sweet bulbul songs resounded, the students were changed to camels, the Brocken housemaids, with their Congreverocket-glances, became *houris*, the Philistine noses, minarets, etc.

But the book which lay near me, though full of nonsense, was not the Koran. It was the so-called "Brocken-book," in which all travelers who ascend the mountain write their names—most inscribing their thoughts, or, in default thereof, their "feelings." Many even express themselves in verse. In this book one may observe the horrors which result when the great Philistine host on opportune occasions, such as this on the Brocken, becomes poetic. The palace of the Prince of Pallagonia never contained such absurdities as are to be found in this book. Those who shine in it with especial splendor are Messrs. the excise collectors, with

vorglänzen die Herren Akziseeinnehmer mit ihren verschimmelten Hochgefühlen, die Kontorjünglinge mit ihren pathetischen Seelenergüssen, die altdeutschen Revolutionsdilettanten mit ihren Turngemeinplätzen, die Berliner Schullehrer mit ihren verunglückten Entzückungsphrasen usw. Herr Johannes Hagel will sich auch mal als Schriftsteller zeigen. Hier wird des Sonnenaufgangs majestätische Pracht beschrieben; dort wird geklagt über schlechtes Wetter, über getäuschte Erwartungen, über den Nebel, der alle Aussicht versperrt. »Benebelt heraufgekommen und benebelt hinuntergegangen!« ist ein stehender Witz, der hier von Hunderten nachgerissen wird.

Das ganze Buch riecht nach Käse, Bier und Tabak; man glaubt, einen Roman von Clauren zu lesen.

Während ich nun besagtermaßen Kaffee trank und im Brockenbuche blätterte, trat der Schweizer mit hochroten Wangen herein, und voller Begeisterung erzählte er von dem erhabenen Anblick, den er oben auf dem Turm genossen, als das reine, ruhige Licht der Sonne, Sinnbild der Wahrheit, mit den nächtlichen Nebelmassen gekämpft, daß es ausgesehen habe wie eine Geisterschlacht, wo zürnende Riesen ihre langen Schwerter ausstrecken, geharnischte Ritter, aufbäumenden Rossen, einherjagen, Streitwagen, flatternde Banner, abenteuerliche Tierbildungen aus dem wildesten Gewühle hervortauchen, bis endlich alles in den wahnsinnigsten Verzerrungen zusammenkräuselt, blasser und blasser zerrinnt und spurlos verschwindet. Diese demagogische Naturerscheinung hatte ich versäumt, und ich kann, wenn es zur Untersuchung kommt, eidlich versichern, daß ich von nichts weiß als vom Geschmack des guten braunen Kaffees. Ach, dieser war sogar schuld, daß ich meine schöne Dame vergessen, und jetzt stand sie vor der Tür, mit Mutter und Begleiter, im Begriff, den Wagen zu besteigen. Kaum hatte ich noch Zeit, hinzueilen und ihr zu versichern, daß es kalt sei. Sie schien unwillig, daß ich nicht früher gekommen; doch ich glättete bald die mißmütigen Falten ihrer schönen Stirn, indem ich ihr eine wunderliche Blume schenkte, die ich den Tag vorher, mit halsbrechender Gefahr, von einer steilen Felsenwand gepflückt hatte. Die Mutter verlangte den Namen der Blume zu wissen, gleichsam als ob sie es unschicklich fände, daß ihre Tochter eine fremde, unbekannte Blume vor die Brust stecke – denn wirklich, die Blume erhielt diesen beneidenswerten Platz, was sie sich gewiß gestern auf ihrer einsamen Höhe nicht träumen ließ. Der schweigsame Begleiter öffnete jetzt auf einmal den Mund, zählte die Staubfäden der Blume und sagte ganz trocken: »Sie gehört zur achten Klasse.«

Es ärgert mich jedesmal, wenn ich sehe, daß man

their moldy "high inspirations;" counter-jumpers, with their pathetic outgushings of the soul; old German revolution dilettanti with their Turner-Union phrases, and Berlin school-masters with their unsuccessful efforts at enthusiasm. Mr. Snobbs will also for once show himself as author. In one page the majestic splendor of the sunrise is described, in another complaints occur of bad weather, of disappointed hopes, and of the mists which obstruct the view. A "Caroline" writes that in climbing the mountain her feet got wet, to which a naïve "Nanny," who was impressed by this, adds, "I too, got wet while doing this thing." "Went up wet without and came down wet within," is a standing joke, repeated in the book hundreds of times. The whole volume smells of beer, tobacco and cheese; we might fancy it one of Clauren's novels.

auch Gottes liebe Blumen, ebenso wie uns, in Kasten geteilt hat, und nach ähnlichen Äußerlichkeiten, nämlich nach Staubfädenverschiedenheit. Soll doch mal eine Einteilung stattfinden, so folge man dem Vorschlage Theophrasts, der die Blumen mehr nach dem Geiste, nämlich nach ihrem Geruch, einteilen wollte. Was mich betrifft, so habe ich in der Naturwissenschaft mein eigenes System, und demnach teile ich alles ein: in dasjenige, was man essen kann, und in dasjenige, was man nicht essen kann.

Jedoch der ältern Dame war die geheimnisvolle Natur der Blumen nichts weniger als verschlossen, und unwillkürlich äußerte sie, daß sie von den Blumen, wenn sie noch im Garten oder im Topfe wachsen, recht erfreut werde, daß hingegen ein leises Schmerzgefühl, traumhaft beängstigend, ihre Brust durchzittere, wenn sie eine abgebrochene Blume sehe – da eine solche doch eigentlich eine Leiche sei und so eine gebrochene, zarte Blumenleiche ihr welkes Köpfchen recht traurig herabhängen lasse, wie ein totes Kind. Die Dame war fast erschrocken über den trüben Widerschein ihrer Bemerkung, und es war meine Pflicht, denselben mit einigen Voltaireschen Versen zu verscheuchen. Wie doch ein paar französische Worte uns gleich in die gehörige Konvenienzstimmung zurückversetzen können! Wir lachten, Hände wurden geküßt, huldreich wurde gelächelt, die Pferde wieherten, und der Wagen holperte, langsam und beschwerlich, den Berg hinunter.

Nun machten auch die Studenten Anstalt zum Abreisen, die Ranzen wurden geschnürt, die Rechnungen, die über alle Erwartung billig ausfielen, berichtigt; die empfänglichen Hausmädchen, auf deren Gesichtern die Spuren glücklicher Liebe, brachten, wie gebräuchlich ist, die Brockensträußchen, halfen solche auf die Mützen befestigen, wurden dafür mit einigen Küssen oder Groschen honoriert, und so stiegen wir alle den Berg hinab, indem die einen, wobei der Schweizer und Greifswalder, den Weg nach Schierke einschlugen und die andern, ungefähr zwanzig Mann, wobei auch meine Landsleute und ich, angeführt von einem Wegweiser, durch die sogenannten Schneelöcher hinabzogen nach Ilsenburg.

And now the students prepared to depart. Knapsacks were buckled, the bills, which were moderate beyond all expectation, were settled, the susceptible housemaids, upon whose countenances the traces of successful amours were plainly visible, brought, as is their custom, their Brocken-bouquets, and helped some to adjust their caps; for all of which they were duly rewarded with either kisses or coppers. Thus we all went down the mountain, albeit one party, among whom were the Swiss and Greifswalder, took the road toward Schierke, and the others, about twenty men, among whom were my fellow "countrymen" and myself, led by a guide, went through the so-called "Snow Holes" down to Ilsenburg.

Das ging über Hals und Kopf. Hallesche Studenten marschieren schneller als die östreichische Landwehr. Ehe ich mich dessen versah, war die kahle Partie des Berges mit den darauf zerstreuten Steingruppen schon hinter uns, und wir kamen durch einen Tannenwald, wie ich ihn den Tag vorher gesehen. Die Sonne goß schon ihre festlichsten Strahlen herab und beleuchtete die humoristisch buntgekleideten Burschen, die so munter durch das Dickicht drangen, hier verschwanden, dort wieder zum Vorschein kamen, bei Sumpfstellen über die quergelegten Baumstämme liefen, bei abschüssigen Tiefen an den rankenden Wurzeln kletterten, in

Such a head-over-heels, break-neck piece of business! Halle students travel quicker than the Austrian militia. Ere I knew where I was, the bald summit of the mountain, with groups of stones strewed over it, was behind us, and we went through the fir-wood which I had seen the day before. The sun poured down a cheerful light on the merry Burschen, in gaily colored garb, as they merrily pressed onward through the wood, disappearing here, coming to light again there, running across marshy places on trunks of trees, climbing over shelving steeps by grasping the projecting tree-roots; while they thrilled all the time in the merriest manner

den ergötzlichsten Tonarten emporjohlten und ebenso lustige Antwort zurückerhielten von den zwitschernden Waldvögeln, von den rauschenden Tannen, von den unsichtbar plätschernden Quellen und von dem schallenden Echo. Wenn frohe Jugend und schöne Natur zusammenkommen, so freuen sie sich wechselseitig.

Je tiefer wir hinabstiegen, desto lieblicher rauschte das unterirdische Gewässer, nur hier und da, unter Gestein und Gestrippe, blinkte es hervor und schien heimlich zu lauschen, ob es ans Licht treten dürfe, und endlich kam eine kleine Welle entschlossen hervorgesprungen. Nun zeigt sich die gewöhnliche Erscheinung: ein Kühner macht den Anfang, und der große Troß der Zagenden wird plötzlich, zu seinem eigenen Erstaunen, von Mut ergriffen und eilt, sich mit jenem ersten zu vereinigen. Eine Menge anderer Quellen hüpften jetzt hastig aus ihrem Versteck, verbanden sich mit der zuerst hervorgesprungenen, und bald bildeten sie zusammen ein schon bedeutendes Bächlein, das in unzähligen Wasserfällen und in wunderlichen Windungen das Bergtal hinabrauscht. Das ist nun die Ilse, die liebliche, süße Ilse. Sie zieht sich durch das gesegnete Ilsetal, an dessen beiden Seiten sich die Berge allmählich höher erheben, und diese sind, bis zu ihrem Fuße, meistens mit Buchen, Eichen und gewöhnlichem Blattgesträuche bewachsen, nicht mehr mit Tannen und anderm Nadelholz. Denn jene Blätterholzart wird vorherrschend auf dem »Unterharze«, wie man die Ostseite des Brockens nennt, im Gegensatz zur Westseite desselben, die der »Oberharz« heißt und wirklich viel höher ist und also auch viel geeigneter zum Gedeihen der Nadelhölzer.

Es ist unbeschreibbar, mit welcher Fröhlichkeit, Naivetät und Anmut die Ilse sich hinunterstürzt über die abenteuerlich gebildeten Felsstücke, die sie in ihrem Laufe findet, so daß das Wasser hier wild emporzischt oder schäumend überläuft, dort aus allerlei Steinspalten, wie aus tollen Gießkannen, in reinen Bögen sich ergießt und unten wieder über die kleinen Steine hintrippelt, wie ein munteres Mädchen. Ja, die Sage ist wahr, die Ilse ist eine Prinzessin, die lachend und blühend den Berg hinabläuft. Wie blinkt im Sonnenschein ihr weißes Schaumgewand! Wie flattern im Winde ihre silbernen Busenbänder! Wie funkeln und blitzen ihre Diamanten! Die hohen Buchen stehen dabei gleich ernsten Vätern, die verstohlen lächelnd dem Mutwillen des lieblichen Kindes zusehen; die weißen Birken bewegen sich tantenhaft vergnügt und doch zugleich ängstlich über die gewagten Sprünge; der stolze Eichbaum schaut drein wie ein verdrießlicher Oheim, der das schöne Wetter bezahlen soll; die Vögelein in den Lüften jubeln ihren Beifall, die Blumen am Ufer flüstern zärtlich: »Oh, nimm uns mit, nimm uns mit, lieb Schwesterchen!« – aber das lustige Mädchen springt unaufhaltsam weiter, und plötzlich ergreift sie den träumenden Dichter, und es

and received as joyous an answer from the twittering wood-birds, the invisibly plashing rivulets, and the resounding echo. When cheerful youth and beautiful nature meet, they mutually rejoice.

The lower we descend the more delightfully did subterranean waters ripple around us; only here and there they peeped out amid rocks and bushes, appearing to be reconnoitring if they might yet come to light, until at last one little spring jumped forth boldly. Then followed the usual show—the bravest one makes a beginning, and then to their own astonishment the great multitude of hesitators, suddenly inspired with courage, rush forth to join the first. Myriads of springs now leaped in haste from their ambush, united with the leader, and finally formed quite an important brook, which, with its innumerable waterfalls and beautiful windings, ripples down the valley. This is now the Ilse—the sweet, pleasant Ilse. She flows through the blest Ilse vale, on whose sides the mountains gradually rise higher and higher, being clad even to their base with beech-trees, oaks, and the usual shrubs, the firs and other needle-covered evergreens having disappeared; for that variety of trees grows preferably upon the "Lower Harz," as the east side of the Brocken is called in contradistinction to the west side or Upper Harz. Being in reality much higher, it is therefore better adapted to the growth of evergreens.

It is impossible to describe the merriment, simplicity, and charm with which the Ilse leaps down over the fantastically shaped rocks which rise in her path, so that the water strangely whizzes or foams in one place. amid rifted rocks, and in another pours forth in perfect arches through a thousand crannies, as if from a giant watering-pot, and then, lower down, trips away again over the pebbles like a merry maiden. Yes, the old legend is true; the Ilse is a princess, who, in the full bloom of youth, runs laughing down the mountain side. How her white foam garment gleams in the sunshine! How her silvered scarf flutters in the breeze! How her diamonds flash! The high beech-trees gaze down on her like grave fathers secretly smiling at the capricious self-will of a darling child; the white birch-trees nod their heads like delighted aunts, who are, however, anxious at such bold leaps; the proud oak looks on like a not over-pleased uncle, who must pay for all the fine weather; the birds joyfully sing their applause; the flowers on the bank whisper, "Oh, take us with thee, take us with thee, dear sister!" But the merry maiden may not be withheld, and she leaps onward and suddenly seizes the dreaming poet, and there

strömt auf mich herab ein Blumenregen von klingenden Strahlen und strahlenden Klängen, und die Sinne vergehen mir vor lauter Herrlichkeit, und ich höre nur noch die flötensüße Stimme:

»Ich bin die Prinzessin Ilse,
Und wohne im Ilsenstein;
Komm mit nach meinem Schlosse,
Wir wollen selig sein.

Dein Haupt will ich benetzen
Mit meiner klaren Well',
Du sollst deine Schmerzen vergessen,
Du sorgenkranker Gesell!

In meinen weißen Armen,
An meiner weißen Brust,
Da sollst du liegen und träumen
Von alter Märchenlust.

Ich will dich küssen und herzen,
Wie ich geherzt und geküßt
Den lieben Kaiser Heinrich,
Der nun gestorben ist.

Es bleiben tot die Toten,
Und nur der Lebendige lebt;
Und ich bin schön und blühend,
Mein lachendes Herze bebt.

Und bebt mein Herz dort unten,
So klingt mein kristallenes Schloß,
Es tanzen die Fräulein und Ritter,
Es jubelt der Knappentroß.

Es rauschen die seidenen Schleppen,
Es klirren die Eisenspor'n,
Die Zwerge trompeten und pauken,
Und fiedeln und blasen das Horn.

Doch dich soll mein Arm umschlingen,
Wie er Kaiser Heinrich umschlang;
Ich hielt ihm zu die Ohren,
Wenn die Trompet' erklang.«

Unendlich selig ist das Gefühl, wenn die Erscheinungswelt mit unserer Gemütswelt zusammenrinnt und grüne Bäume, Gedanken, Vögelgesang, Wehmut, Himmelsbläue, Erinnerung und Kräuterduft sich in süßen Arabesken verschlingen. Die Frauen kennen am besten dieses Gefühl, und darum mag auch ein so holdselig ungläubiges Lächeln um ihre Lippen schweben, wenn wir mit Schulstolz unsere logischen Taten rühmen, wie wir alles so hübsch eingeteilt in objektiv und subjektiv,

streams over me a flower-rain of ringing gleams and flashing tones, and my senses are lost in all the beauty and splendor, and I hear only the voice, sweet pealing as a flute—

I am the Princess Ilse,
And dwell in Ilsenstein;
Come with me to my castle,

With ever-flowing fountains
I'll cool thy weary brow;
Thou'lt lose amid their rippling
The cares which grieve thee now.

In my white arms reposing,
And on my snow-white breast,
Thou'lt dream of old, old legends,
And sing in joy to rest.

I'll kiss thee and caress thee,
As in the ancient day
I kissed the Emperor Henry,
Who long has passed away.

The dead are dead and silent,
Only the living love;
And I am fair and blooming—
Dost feel my wild heart move!

And as my heart is beating,
My crystal castle rings,
Where many a knight and lady
In merry measure springs.

Silk trains are softly rustling,
Spurs ring from night to morn,
And dwarfs are gaily drumming,
And blow the golden horn.

As round the Emperor Henry,
My arms round thee shall fall;
I held his ears—he heard not
The trumpet's warning call.

We feel infinite happiness when the outer world blends with the world of our own soul, and green trees, thoughts, the songs of birds, gentle melancholy, the blue of heaven, memory, and the perfume of herbs, run together in sweet arabesques. Women best understand this feeling, and this may be the cause that such a sweet incredulous smile plays around their lips when we, with scholastic pride, boast of our logical deeds—how we have classified everything so nicely into

wie wir unsere Köpfe apothekenartig mit tausend Schubladen versehen, wo in der einen Vernunft, in der andern Verstand, in der dritten Witz, in der vierten schlechter Witz und in der fünften gar nichts, nämlich die Idee, enthalten ist.

Wie im Traume fortwandelnd, hatte ich fast nicht bemerkt, daß wir die Tiefe des Ilsetales verlassen und wieder bergauf stiegen. Dies ging sehr steil und mühsam, und mancher von uns kam außer Atem. Doch wie unser seliger Vetter, der zu Mölln begraben liegt, dachten wir im voraus ans Bergabsteigen und waren um so vergnügter. Endlich gelangten wir auf den Ilsenstein.

Das ist ein ungeheurer Granitfelsen, der sich lang und keck aus der Tiefe erhebt. Von drei Seiten umschließen ihn die hohen, waldbedeckten Berge, aber die vierte, die Nordseite, ist frei, und hier schaut man das unten liegende Ilsenburg und die Ilse, weit hinab ins niedere Land. Auf der turmartigen Spitze des Felsens steht ein großes, eisernes Kreuz, und zur Not ist da noch Platz für vier Menschenfüße.

Wie nun die Natur, durch Stellung und Form, den Ilsenstein mit phantastischen Reizen geschmückt, so hat auch die Sage ihren Rosenschein darüber ausgegossen. Gottschalk berichtet: »Man erzählt, hier habe ein verwünschtes Schloß gestanden, in welchem die reiche, schöne Prinzessin Ilse gewohnt, die sich noch jetzt jeden Morgen in der Ilse bade; und wer so glücklich ist, den rechten Zeitpunkt zu treffen, werde von ihr in den Felsen, wo ihr Schloß sei, geführt und königlich belohnt!« Andere erzählen von der Liebe des Fräuleins Ilse und des Ritters von Westenberg eine hübsche Geschichte, die einer unserer bekanntesten Dichter romantisch in der »Abendzeitung« besungen hat. Andere wieder erzählen anders: Es soll der altsächsische Kaiser Heinrich gewesen sein, der mit Ilse, der schönen Wasserfee, in ihrer verzauberten Felsenburg die kaiserlichsten Stunden genossen. Ein neuerer Schriftsteller, Herr Niemann, Wohlgeb., der ein Harzreisebuch geschrieben, worin er die Gebirgshöhen, Abweichungen der Magnetnadel, Schulden der Städte und dergleichen mit löblichem Fleiße und genauen Zahlen angegeben, behauptet indes: »Was man von der schönen Prinzessin Ilse erzählt, gehört dem Fabelreiche an.« So sprechen alle diese Leute, denen eine solche Prinzessin niemals erschienen ist, wir aber, die wir von schönen Damen besonders begünstigt werden, wissen das besser. Auch Kaiser Heinrich wußte es. Nicht umsonst hingen die altsächsischen Kaiser so sehr an ihrem heimischen Harze. Man blättere nur in der hübschen »Lüneburger Chronik«, wo die guten alten Herren in wunderlich treuherzigen Holzschnitten abkonterfeit sind, wohlgeharnischt, hoch auf ihrem gewappneten Schlachtroß, die heilige Kaiserkrone auf dem teuren Haupte, Zepter und Schwert in festen Händen; und auf

subjective and objective; how our heads are provided, apothecary-like, with a thousand drawers, one of which contains reason, another understanding, the third wit, the fourth bad wit, and the fifth nothing at all—that is to say, the *Idea.*

As if wandering in dreams, I scarcely observed that we had left the depths of the Ilsethal and were now again climbing uphill. This was steep and difficult work, and many of us lost our breath; but, like our late lamented cousin, who now lies buried at Moelln, we thought in advance of the descent, and were all the merrier in consequence. Finally we reached the Ilsenstein.

This is an enormous granite rock, which rises boldly on high from out a glen. On three sides it is surrounded by high woody hills, but on the fourth, the north side, there is an open view, and we gazed past the Ilsenburg and the Ilse lying below us, far away into the low lands. On the towerlike summit of the rock stands a great iron cross, and in case of need there is also room here for four human feet.

And as Nature, through picturesque position and form, has adorned the Ilsenstein with fantastic charms, so legend likewise has shed upon it a rosy shimmer. According to Gottschalk, "People say that there once stood here an enchanted castle, in which dwelt the rich and fair Princess Ilse, who still bathes every morning in the Ilse. He who is fortunate enough to hit upon the exact time and place will be led by her into the rock where her castle lies and receive a royal reward." Others narrate a pleasant legend of the lovers of the Lady Ilse and of the Knight of Westenberg, which has been romantically sung by one of our most noted poets in the *Evening Journal.* Others again say that it was the Old Saxon Emperor Henry who had a royal good time with the water-nymph Ilse in her enchanted castle. A later author, one Niemann, Esq., who has written a *Guide to the Harz* in which the height of the hills, variations of the compass, town finances, and similar matters are described with praiseworthy accuracy, asserts, however, that "what is narrated of the Princess Ilse belongs entirely to the realm of fable." Thus do all men speak to whom a beautiful princess has never appeared; but we who have been especially favored by fair ladies know better. And the Emperor Henry knew it too! It was not without cause that the Old Saxon emperors were so attached to their native Harz. Let any one only turn over the leaves of the fair *Lüneburg Chronicle,* where the good old gentlemen are represented in wondrously true-hearted woodcuts sitting in full armor on their mailed war-steeds, the holy imperial crown on their beloved heads, sceptre and sword in firm hands; and then in their dear mustachiod faces he can plainly read how they often longed for the sweet

den lieben, knebelbärtigen Gesichtern kann man deutlich lesen, wie oft sie sich nach den süßen Herzen ihrer Harzprinzessinnen und dem traulichen Rauschen der Harzwälder zurücksehnten, wenn sie in der Fremde weilten, wohl gar in dem zitronen- und giftreichen Welschland, wohin sie und ihre Nachfolger so oft verlockt wurden von dem Wunsche, römische Kaiser zu heißen, einer echtdeutschen Titelsucht, woran Kaiser und Reich zugrunde gingen.

Ich rate aber jedem, der auf der Spitze des Ilsensteins steht, weder an Kaiser und Reich noch an die schöne Ilse, sondern bloß an seine Füße zu denken. Denn als ich dort stand, in Gedanken verloren, hörte ich plötzlich die unterirdische Musik des Zauberschlosses, und ich sah, wie sich die Berge ringsum auf die Köpfe stellten und die roten Ziegeldächer zu Ilsenburg anfingen zu tanzen und die grünen Bäume in der blauen Luft herumflogen, daß es mir blau und grün vor den Augen wurde und ich sicher, vom Schwindel erfaßt, in den Abgrund gestürzt wäre, wenn ich mich nicht, in meiner Seelennot, ans eiserne Kreuz festgeklammert hätte. Daß ich, in so mißlicher Stellung, dieses letztere getan habe, wird mir gewiß niemand verdenken.

hearts of their Harz princesses, and for the familiar rustling of the Harz forests, when they sojourned in distant lands—yes, even when in Italy, so rich in oranges and poisons, whither they, with their followers, were often enticed by the desire of being called Roman emperors, a genuine German lust for title, which finally destroyed emperor and empire.

I, however, advise every one who may hereafter stand on the summit of the Ilsenstein to think neither of emperor nor empire nor of the fair Ilse, but simply of his own feet. For as I stood there, lost in thought, I suddenly heard the subterranean music of the enchanted castle, and saw the mountains around begin to stand on their heads, while the red-tiled roofs of Ilsenburg were dancing, and green trees flew through the air, until all was green and blue before my eyes, and I, overcome by giddiness, would assuredly have fallen into the abyss, had I not, in the dire need of my soul, clung fast to the iron cross. No one who reflects on the critically ticklish situation in which I was then placed can possibly find fault with me for having done this.

Printed in Great Britain
by Amazon